SAINT
BONAVENTURE

BREVILOQUIUM

PARTIE 2

LE MONDE
CRÉATURE DE DIEU

BIBLIOTHÈQUE BONAVENTURIENNE

Série "TEXTES"

BREVILOQUIUM

Introduction Générale. PROLOGUE

SAINT BONAVENTURE

BREVILOQUIUM

PARTIE 2
LE MONDE
CRÉATURE DE DIEU

texte latin de Quaracchi
et traduction française

—

Introduction et notes
par Trophime Mouiren

EDITIONS FRANCISCAINES
9, rue Marie-Rose, PARIS XIVᵉ

NIHIL OBSTAT

Orceaci,
die VIa februarii 1967
Fr. Lucas MATHIEU, ofm
Cens. Dep.

IMPRIMATUR

Lutetiae Parisiorum,
die XIIIa martii 1967
Daniel PEZERIL
Vic. Gen.

INTRODUCTION

Le monde
créature de Dieu

C'est en descendant de l'Alverne que François, le pauvre d'Assise, les yeux encore éblouis de la lumière divine, reconnaît enfin, dans la douce clarté sur la plaine et « l'immense octave de la création »[1], les traces de Dieu et le reflet de son visage. Alors dans son cœur se rythme le Cantique des créatures qui est, tout à la fois, amour de Dieu et voix de l'homme donnée au silence des êtres pour la louange divine, et aussi amour et possession de tout le créé dans sa totalité, dans son apparence d'être et sa réalité de dépendance. Quand l'être dans le Christ a été assuré, alors peut s'élever le cantique de l'avoir. C'est par le renoncement qu'il est entré en possession, et tout le créé, maintenant, lui fait le signe qui à

---

1. Paul Claudel, dont toute l'œuvre poétique est « célébration de l'univers créé et adoration du Créateur » et dont tant de passages ont une résonance bonaventurienne.

nouveau tourne son regard vers l'Alverne. François
donne sa voix, et pour dire l'indicible son chant,
« aux silences éternels des mondes infinis »[2], et à
l'eau et au brin d'herbe et à tout ce qui vit, et le
chant de joie absout enfin le long gémissement de
la création qui se sent libérée et à nouveau en
mouvement vers le cœur et la pensée du Créateur
par le ministère de cet homme qui sait lire le signe
et relie le monde à Dieu. La lumière... mais c'est notre
regard qui manque à la lumière, notre regard et
notre esprit et notre cœur qui tentent de quitter le
monde pour aller vers Dieu et n'en finissent pas
de partir, alors que le mouvement est « intérieur »,
en Dieu. Comment lire le signe et savoir l'image, et
vivre la ressemblance, si la réalité n'a pas été
contemplée, si la montée de l'Alverne n'a pas été
accomplie ?

Saint François descend vers la plaine inondée de
soleil, vers ses frères et sa mission. C'est la route
banale que tout le monde emprunte et il y marche
comme les autres, mais son regard ne saurait oublier,
et il médite dans son cœur. Saint Bonaventure n'oublie pas l'Alverne de sa contemplation première, « la
Trinité de Dieu » objet du premier livre du *Breviloquium,* lorsqu'il emprunte la route banale de sa
transition qui l'amène au deuxième livre, vers « le
monde, créature de Dieu »[3]. Peut-on trouver, en
effet, transition plus banale : « Après nous être fait
une idée sommaire de la Trinité de Dieu, il faut
parler quelque peu de la créature du monde ». Saint
Bonaventure, comme son père et son modèle, n'ou-

---

2. Pascal, *Pensées.*

3. *Brevil.,* p. 1, c. 1.

bliera pas sa méditation première. Il va même la poursuivre. Il ne nous parle pas, en effet, de la création comme de la solution au problème du monde, comme de quelque chose qui serait « in se », d'un geste dont on pourrait oublier qui le fait, en s'arrêtant au simple résultat posé là, dans le temps. Il dit « le monde créature » et par le fait même il dit le Créateur, et ce deuxième livre, c'est bien le premier qui se poursuit, car sous les termes de premier Principe, il faut entendre Dieu créateur, mieux, la Trinité créatrice. Il n'oublie pas son Alverne et veut nous y conduire non au terme de notre vie, mais dès maintenant en nous apprenant à voir le monde et le signe immense qui nous est fait, à voir Dieu dans le monde et, en nous, son image et sa ressemblance. Saint Bonaventure revient sans cesse prendre en quelque sorte son élan en Dieu, en sa toute puissance, en sa sagesse, en sa bonté, et ainsi il va d'un mouvement sans cesse repris de la source[4], en son point mystérieux qui ne s'inscrit en aucun lieu, vers le delta riche de toute fécondité qui s'étale depuis toujours, dans tout espace.

---

4. « J'appelle ici primauté, l'innascibilité en raison de laquelle, selon une antique opinion, il y a dans le Père une plénitude « fontale » pour toute émanation » (*I Sent.*, d. 2, a. 1, q. 1, concl. — I, 54 a). Cf. De Régnon, *Etudes sur la Trinité*, t. 3 : *Théories grecques*, 163-164 : *Le Père comparé à une source* ; Ps.-Denys, *De divin. Nomin.*, c. 2, n. 7 (PG 3, 645 B — Dionysiaca, I, 84) : La Déité jaillissante, c'est le Père... source appelle flux. Sur fluere, cf. Luc Mathieu, *La Trinité créatrice d'après saint Bonaventure*, thèse manuscrite, 199.

La création
un vrai traité
de théologie

En lisant le deuxième livre, nous allons donc pour-suivre la lecture du premier, et la transition n'est plus banale qui « situe » ainsi le monde et indique le mouvement et l'ordre qui rendent intelligible. Ce traité sur le monde est « théologique », parce qu'il fait « logiquement » suite au traité sur la Trinité. Combien de traités « de Deo creante » oublient Dieu et le participe toujours présent qui dit l'action conti-nue, pour n'être que de simples études de cosmologie rationnelle malgré leur titre et leur place.

On n'en finit pas avec eux de partir du monde — et si toutefois on réussit le départ, on arrive au Principe premier et unique, à l'Acte pur. Ce départ est abstraction, le « cheminement » purement intel-lectuel, (et au terme on pose froidement le principe...

et le moyen et la fin... peut-être !) Nous sommes loin
du Dieu vivant, de la Trinité qui « pose » le monde
en « le gardant » dans son amour et sa pensée.

Et la démarche qui, partant du monde, réussit,
n'est pas théologique pour autant. Elle a, au départ,
mis, pour ainsi dire, Dieu entre parenthèses, pour
ensuite le « récupérer » au terme. On fait semblant,
mais, ici, le « faire-semblant » est toujours un faux-
semblant.

La démarche purement métaphysique est vouée
à l'échec. Saint Bonaventure lit cet échec dans toutes
les recherches philosophiques et ne peut pas « faire
semblant ». Pour lui, la création est un article de
foi que nous enseigne l'Ecriture et que nous confes-
sons dans le Credo. Le livre de la création, à l'heure
d'aujourd'hui, avec ces signes quelque peu abîmés
par les retentissements cosmiques du péché, est difficile à déchiffrer pour un regard que l'habitude
guette et pour des yeux qui ont perdu leur fraîcheur
première et un cœur tout prêt à faire dieu ce qu'il
aime. Seul le livre des Ecritures peut nous apprendre
à déchiffrer le livre du monde et nous conduire enfin
à la lecture du livre unique, le Christ « qui est le
livre écrit à l'intérieur et à l'extérieur » [5].

La pensée de saint Bonaventure — mais s'agit-il
bien de la pensée seule ? — saint Bonaventure, et
nous avec lui, quand nous allons vers la création
ne cessons pas de courir à l'intérieur de Dieu, selon
l'expression même du *Breviloquium,* à propos des
anges « dans leur abaissement au service des hommes » [6]. La création « dans ce mouvement de sortie

5. *Brevil.,* p. 2, c. 11, n. 2.

6. *Brevil.,* p. 2, c. 8, n. 2.

de Dieu » (les onze premiers chapitres) et dans l'itinéraire du retour à Dieu (c. 12) n'est pas présentée
comme un bloc erratique sans aucun rapport avec les
mystères de la Trinité, de la chute et du salut. Elle
est la première affirmation de la longue histoire de
la tendresse divine dans le temps. C'est déjà, « le
Verbe dans le temps » [7], la Parole incréée dite. Le
sens plénier de la création qu'aucune philosophie n'a
jamais pu dégager, affirmé nettement comme expression du Créateur. Saint Bonaventure, qui écarte et
condamne toute philosophie séparée, ne pouvait
absolument pas faire, en parlant du monde, une
simple cosmologie. Pour lui, le caractère religieux et
sacramental de l'univers est métaphysiquement insé-
parable de l'être même des choses.

PAR SON ASPECT CHRISTIQUE

Théologique, ce traité a aussi un caractère nettement christique. Car « le Verbe qui exprime Dieu
dans la création est le milieu dans lequel toutes
choses trouvent leur explication. Il est aussi le
médiateur dont la lumière nous en fait découvrir le
sens. Il est le milieu dans lequel la création se
continue et se refait sans cesse et le médiateur par
lequel nous retrouvons notre destinée divine. Il est
enfin le milieu dans lequel la création se refermera
dans son complet achèvement et le médiateur par
lequel toutes choses retourneront à Dieu dans l'unité
de l'amour » [8].

---

7. J.G. Bougerol, *Saint Bonaventure et la sagesse chrétienne*, 62.

8. J.G. Bougerol, *Ibid.*, 176.

PAR SON ASPECT PROPHÉTIQUE

Mais la lecture de cet aspect christique est, ici, difficile comme d'ailleurs le déchiffrement de l'aspect prophétique. Cependant, il y a quelques indications assez nettes. « La création est une prophétie et Dieu y exprime son dessein sur toute l'histoire que rien ne peut ébranler » [8 bis]. Dans le temps de création, c'est l'histoire du monde qui nous est déjà mystérieusement contée, mais au terme seulement tout sera clair. La création nous y est dite en son commencement et en son « achèvement » et l'homme y est « capax Dei », pour Dieu contemplé et la béatitude. La création, c'est le salut promis et la vie donnée, au premier jour, c'est déjà le sacrement de la vie promise. Le péché peut « mal » bouleverser l'univers, le plan de Dieu demeure inébranlable, fidèle à la fin qu'il s'est tracé, et cette fin se lit déjà au commencement : la création et « le salut » ne peuvent se juxtaposer, pas plus que la nature et la grâce. Seul le péché distinguera. La création est la première expression de l'histoire du salut. Si tout cet aspect prophétique et christique de la création n'est pas exprimé ici très explicitement et ne s'y laisse deviner qu'en filigrane, cela vient du fait que nous sommes en présence d'un résumé.

MAIS UN RÉSUMÉ

C'est en effet un résumé, en quelque sorte le « Bordas » de théologie pour les clercs de l'Ecole

---

8 bis. A. Hamman, *La foi chrétienne au Dieu de la création* dans *NRT*, nov. 1964, 1053.

franciscaine. D'un résumé, il ne faut pas attendre le
détail, ni la controverse avec le déploiement de ses
arguments. L'essentiel seul est donné et ce qui nous
paraît détail avait peut-être alors son importance.
L'intérêt d'un résumé n'est pas dans le contenu des
affirmations, surtout lorsqu'il s'agit de théologie, car
il ne saurait être autre que la foi de l'Eglise. « Comparée à celle de saint Thomas, la position générale
de saint Bonaventure en face des erreurs philosophiques du paganisme peut se résumer comme suit.
Dans l'ensemble, l'enseignement des deux maîtres
coïncide avec l'enseignement chrétien traditionnel.
Dans l'ensemble également, l'argumentation de saint
Bonaventure se retrouve mais amplifiée et appro-
fondie dans les écrits postérieurs de saint Thomas.
En deux points essentiels leur attitude diffère : la
durée du monde créé et l'individualisation des âmes
humaines ». [9]

Mais « ces points essentiels » se réduisent ici à une
simple affirmation, la non-éternité du monde et de
la matière. Ce n'est plus qu'un détail qui s'inscrit
dans l'ensemble, parce que peut-être c'est quelque
chose d'admis pour ceux à qui on s'adresse et qui,
à ce rappel, verront se lever la série d'arguments
avancés par leur maître en d'autres œuvres. Mais
c'est une erreur de penser tout uniment « création
chez saint Bonaventure et non-éternité du monde ».
L'essentiel de la pensée bonaventurienne sur la création ne saurait se caractériser par cette position. Et
un résumé, c'est la chance offerte de saisir une pensée

---

9. F. Van Steenberghen, *Siger de Brabant d'après ses
œuvres inédites*. Louvain 1931-1942, II, 456-459 cité par Tres-
montant Cl., *La Métaphysique du Christianisme et la crise
du XIIIe siècle*, Paris 1964, 383-384.

dans son unité et son mouvement, l'intuition profonde qui l'anime et se déploie en discours. Il ne s'agit pas ici de création, mais du monde créature... La création, on ne peut savoir ce qu'elle est, car elle n'est pas « in se » mais s'inscrit dans un rapport de dépendance, qui ne saurait cesser, et pour tenir « le nombre » de la création, il faut tenir les deux « chiffres » du rapport. La création ? non, mais le Créateur et la créature dans la continuité de sa dépendance, et l'ordre et l'influence, et la sortie et le retour et le repos impossible d'un monde qui n'est pas posé, et qui ne cesse — et c'est là « son être » — de dire et de refléter la Trinité créatrice, et l'homme au monde qui est pour lui, et la révolte qui brise le miroir et ternit le regard, et la parole incréée qui rejoint ce que la parole a créé, la parole créée, pour enfin lui redonner tout son sens et rendre au regard sa fraîcheur et sa puissance d'émerveillement, et à l'homme d'être médiateur avec le médiateur et prêtre dans l'unique prêtre pour l'offrande totale de l'univers.

L'enseignement est traditionnel et la foi commune qui est celle de l'Eglise, mais le mouvement et le départ sont à l'opposé : du monde ou de la Trinité. Saint Bonaventure part de Dieu, de la Trinité créatrice, du donné de l'Ecriture et il découvre ainsi tout à la fois le monde et la dépendance qui est toute sa réalité [10].

---

10. Les chapitres qui traitent de la nature corporelle en son origine, en son être, en son agir et influence (c. 2, 3 et 4) semblent avoir une allure nettement cosmologique. Bien sûr il faut abandonner ces théories qui ne sont plus les nôtres, sur le ciel, les astres et leur mouvement. Qu'on ne se hâte pas toutefois de les remplacer par d'autres. Qui sait, si

après cet abandon, on ne s'apercevra pas que tout de
même, une présentation assez complète de l'influence nous
est donnée, en même temps qu'une invitation à rechercher
les vestiges de Dieu dans le monde, et que la « sagesse »
reste toujours la même, même si les énoncés de la « science »
varient. Et puis, qui sait si tout cela ne répond pas fina-
lement aux préoccupations d'un pasteur qui sait combien
le souci de l'avenir et la recherche de son dévoilement par
la position des astres est constant chez certains hommes de
son temps ? Le nôtre est-il si différent qu'il ne lise plus
les chroniques astrologiques pour connaître « la semaine à
venir » et que, fatigué de liberté ou écrasé de responsa-
bilités, il ne parle plus de « fatum » ?

Le plan

Ce livre de théologie traite donc « du monde, créature de Dieu ». Un simple regard sur le plan général ne fera que confirmer le caractère théologique et prophétique de ce traité[11]. En effet, si les onze premiers chapitres sont consacrés à la production du monde, le douzième nous en dira l'accomplissement et l'ordonnance dans son achèvement. L'origine n'est donc pas pensée seule et le monde n'est jamais posé comme se tenant en lui-même, la pensée reste « concrète » qui nous oblige à le saisir dans son mouvement de sortie (11 chapitres) ou de retour (le 12e). On sera sensible au dynamisme du langage, des mots et des expressions de saint Bonaventure.

« La production du monde en général », tel est

---

11. Pour tout ce qui est de l'aspect théologique, christique et prophétique de la création, cf. A. Hamman, *La foi chrétienne au Dieu de la création, NRT*, nov. 1964, 1049 ss.

le titre du chapitre premier. L'origine des choses est le fait d'un principe premier, souverainement parfait, agissant par lui-même, selon lui-même et pour lui-même. Mais dépassant aussitôt la sécheresse technique d'un langage métaphysique, voici sous nos yeux l'univers des choses « lié » à la cause efficiente qui est tout aussi bien exemplaire et finale. La marque de la Trinité est sur tout « être » corporel ou spirituel, corporel et spirituel : l'unité, la vérité et la bonté.

Les dix chapitres suivants traiteront de la production, en particulier, de la nature corporelle (2, 3 et 4), de la création des esprits supérieurs (6, 7 et 8), enfin de la création de l'homme, en son âme, en son corps, en son unité corps et âme (9, 10 et 11). Signalons l'importance de l'énoncé du chapitre 2 pour les deux chapitres qui suivent (3 et 4). Le chapitre 5 reprendra cet énoncé mais en lui donnant beaucoup plus d'ampleur, et en approfondissant la méditation sur l'Ecriture afin de donner plus de sûreté à la réflexion sur la création de la nature spirituelle.

Le mouvement
de la pensée

L'originalité de la pensée bonaventurienne sur la création ne se trouve donc pas dans sa position sur la non-éternité du monde, mais dans la ferme volonté d'être fidèle à l'Ecriture, de partir du donné de la foi, dans la ferme volonté de ne pas s'abstraire du monde mais de rester résolument en Dieu, et de vivre le monde et Dieu, en vivant tout simplement en créature, dans la connaissance et l'amour. Bonaventure ne nous a pas laissé une « somme » offerte à la seule intelligence, mais un itinéraire qui est cheminement de Dieu vers la création et de la création vers Dieu. La création, comme vérité, relève du domaine de la foi. On peut envisager la création « a parte Dei », c'est-à-dire contempler Dieu et ensuite les créatures qui émanent de lui, on fait alors de la théologie ; ou bien « a parte creaturae », observant d'abord les créatures, pour s'élever ensuite au premier principe posé comme cause nécessaire, on reste alors en philosophie. Saint Bonaventure reconnaît que l'on peut aborder le problème « a parte creaturae », il déclare cependant cette voie insuffisante [12] : elle permet, en effet, de conclure à l'existence d'un principe causal — posé hors de la série — mais laisse entier le problème de la création qui est celui de la totale dépendance des créatures à l'égard de cette cause première. De plus le mystère est évacué et le sens même de la création impossible à dire, dans ce déploiement d'idées claires, bien liées, s'il est vrai « que seul l'amour peut dissiper l'inintelligible et justifier la folie d'être homme » [13]. Et saint Thomas lui-même reconnaît que « seule la révélation de la Trinité nous permet de savoir qu'il y a une image des personnes divines dans l'homme et des vestiges dans tous les êtres ; une fois la Trinité révélée, nous pouvons utiliser en retour ces similitudes pour reconnaître les personnes » [14].

LE REFUS DE PARTIR DE LA CRÉATION

La métaphysique « a parte creaturae » que saint Bonaventure se refuse à faire, peut se développer dans une ambiance aristotélicienne : l'être, alors, sera consi-

---

12. R. Losa, *Un trait original du tempérament intellectuel de saint Thomas,* dans *Revue Thomiste,* 50, (1950), 160.

13. J. Paliard, *Connaissance de l'illusion,* dans *Cahiers de la Nouvelle Journée,* Paris, 34, 141-142.

14. Montagne, *La parole de Dieu dans la création,* dans *Revue Thomiste,* 54.

déré non seulement comme le premier connu mais aussi comme la première réalité et cependant sa notion métaphysique n'a encore qu'une valeur purement analogique. Dans cette perspective, en effet, l'être est l'élément le plus abstrait, le plus général, ce qui est commun à tout ce qui est, il est tout ce qui a un rapport quelconque à l'existence. « Tout est intelligible par l'être, idée analogue qui se réalise dans l'acte et la puissance ». [15]

Le monde de tous les jours, avec l'épaisseur de sa réalité sensible pour répondre à nos désirs, avec son temps où s'inscrit notre durée et son espace qui supporte tant de charges affectives orientant notre démarche, ce monde — créature de Dieu — est abandonné par l'esprit dans sa recherche de l'être. La « réalité » est traduite en formules claires et l'analyse parfaitement logique ne laisse aucun vide. Rigueur et symétrie satisfont pleinement l'esprit. Le temps est dominé, dans ce monde abstrait. On parle déjà un présent qui se veut éternel et, dans ce monde parfaitement intelligible, l'absolu de l'affirmation est bien près de devenir affirmation de l'absolu. Car c'est la pente naturelle de toute philosophie que d'affirmer l'esprit en affirmant l'être et de devenir ainsi la proie facile de l'idéalisme et du panthéisme [16].

La confusion semble venir de ce que la rupture première et l'abandon au début de la démarche sont restés inaperçus. Se croyant, dans sa réflexion, libre du corps, l'esprit s'est abstrait d'autant plus facilement du monde... et du temps. Par la suite, il sera

15. F.J. Thonnard, *Caractères platoniciens de l'ontologie augustinienne*, dans *Augustinus magister*, Paris 1954, 317-327.

16. Tr. Mouiren, *La création*, Paris 1961, 12 ss.

bien difficile de saisir la distance infinie qui sépare l'esprit aux liens multiples et l'absolu de tous liens, car la marche, une fois le corps oublié, est continue qui est continuité de l'esprit en sa démarche. Et continue sera la marche qui de l'absolu ira à l'esprit et au monde « représenté », plaçant ainsi du même coup le monde qui a perdu toute épaisseur de réalité et l'esprit libéré de sa condition d'existant en Dieu. A moins que Dieu lui-même ne prenne place avec le monde et l'esprit en l'Etre enfin affirmé : en fin, car, au début, il était tout autant affirmé que nié. L'idée de création est méconnue qui suppose un sens plus profond de Dieu, et surtout qu'Il soit tout d'abord affirmé et « vécu » par l'homme dans sa condition même de « viator », « d'itinérant ».

Hors de l'être, rien ne subsiste et l'être englobe tout : le Créateur et la créature ; tout est intelligible par l'être. Ainsi l'ontologie est possible avant même de connaître Dieu et d'avoir démontré son existence. Mais qui ne voit qu'à la limite, cette ontologie n'est plus qu'une logique patiemment construite sur le langage qui exprime l'être ? Et voici que pour marquer la distance entre l'Etre premier, enfin affirmé, et les êtres créés, les distinctions vont se multiplier : ce sera l'acte et la puissance, et la distinction réelle entre l'essence et l'existence, et les autres : substance et accident, matière et forme, quantité et qualité, étendue, nombre, relation, action et passion. C'est l'ordre méthodique d'une pensée qui ne veut pas confondre et pour cela distingue, car elle vient d'entrevoir le risque que fait courir à toute abstraction l'abandon — pourtant inévitable — du monde et de l'histoire.

E. Gilson fait remarquer que « saint Thomas, préoccupé de fermer toutes les voies qui conduisent au panthéisme et d'interdire toute communication substantielle d'être entre Dieu et la créature, insiste toujours beaucoup plus sur la signification séparative de l'analogie que sur sa signification unitive » [17]. A cette analogie qui sépare et distingue, conférant aux êtres créés une substantialité et une suffisance relative en même temps qu'elle les exclut de l'être divin, saint Bonaventure substitue l'analogie augustinienne. Il recherche toujours les communautés d'origine pour assigner des ressemblances de parenté. Là où saint Thomas essaie d'installer, en quelque sorte, la créature dans son être propre pour la dispenser de prétendre à l'être divin, saint Bonaventure vise les liens de dépendance entre la créature et le Créateur et pour lui les créatures ne sont jamais plus « in se » que lorsqu'elles sont « a Deo », et lorsque, pour les créatures spirituelles, elles consentent à être « a Deo », d'un mouvement qui ne réduit pas à être une reconnaissance purement intellectuelle mais qui est engagement et démarche de toute une vie. Et le degré d'être se mesure à l'intensité du signe, et à la place dans l'ordre de l'influence : vestige et ombre, image, ressemblance disent la hiérarchie dans l'être. Chaque être, ici, ne participe pas solidement de son être et ne l'est pas essentiellement ; mais il est, à la mesure de sa représentation de cet autre être qu'il n'est pas.

---

17. E. Gilson, *La Philosophie de saint Bonaventure*, Paris, 3ᵉ éd., 1953, c. 7 : *L'analogie universelle*, et plus particulièrement, 189-191.

L'ANALOGIE AUGUSTINIENNE

Saint Bonaventure peut, sans crainte, dans son rai-
sonnement analogique, rechercher les liens et les
parentés qui sont vestiges, images et ressemblances
car, pour lui, on peut dire que seul Dieu est. Tout le
reste existe, au sens fort du mot, c'est-à-dire « se
tient » — en quelque sorte — hors de l'Etre, jeté
qu'il est, ce tout, sur les trames de l'espace et du
temps qui sont les trames de l'existence et disent la
limite et la mutabilité. Tout le créé n'est-il pas
mouvement, sans repos, de sortie et de retour vers
Dieu. Il n'y a aucun risque de confusion possible
quand la première affirmation est le fait d'un esprit
qui n'a pas oublié son incarnation et quand elle ne
porte pas tout d'abord sur un être qui n'est qu'ap-
parent dans sa réalité d'être. C'est dans l'histoire
et dans le monde que Dieu se révèle et c'est dans
son absolue suffisance que Dieu est offert à la contemplation dans la lumière de la foi. Tout est vu en
sa dépendance. Affirmer l'être de la créature, au
départ de sa démarche, c'est se condamner, dans
un mouvement d'abstraction, à englober au terme,
tout ce qui est, dans l'Etre : le Créateur et la créature et commencent alors les distinctions à se multiplier. Si quelqu'un peut englober, c'est Dieu.

On ne peut, sans faire appel à Dieu, présenter
une ontologie bonaventurienne. Et là, saint Bonaventure est bien dans la ligne de saint Augustin.
Bien plus, c'est à la Trinité créatrice même qu'il faut
en appeler. L'ontologie ne court plus alors le risque
d'être, à la limite, une simple logique. Il y a, ici,
quelque chance pour qu'elle soit une théodicée. A
vrai dire, elle sera une théologie ou ne sera pas.

L'abstraction elle-même devient impossible comme mouvement qui abandonnerait une partie du « réel » pour le seul monde des idées. Bien sûr, nous retrouverons l'abstraction et la raison se mettra en quête de raisons pour la satisfaction de l'esprit et pour réussir « à prendre ensemble ». Mais au-delà des catégories, les mêmes que celles d'Aristote, très rapidement l'abstrait et l'universel seront mis en rapport avec les objets concrets où ils se réalisent. L'abstrait et l'universel, c'est ici ce qu'il y a de plus concret et de plus singulier, de plus vivant : Dieu lui-même, de qui seul s'affirme — au début de la démarche — toute affirmation de l'être. Et l'un n'est pas seulement dit de l'être, mais du Père, l'unique et le premier. La vérité de l'être, c'est le Verbe de Dieu, et la bonté, l'Esprit de tout amour. Le monde garde toute son épaisseur qui devient le lieu de notre mérite et de notre itinéraire, et le temps n'est plus seulement la mesure du devenir cosmique, il est tout simplement l'histoire du salut et ce, dès le premier moment, et les anges eux-mêmes vont connaître un temps de choix et de grâce pour une éternité de gloire [18]. Toute position purement intellectuelle, abstraite, sera rejetée par saint Bonaventure. Dieu seul est, les créatures existent, et notre point de vue ne peut être qu'existentiel : dans le monde et dans le temps, un itinéraire de connaissance et d'amour.

---

18. *II Sent.*, d. 4, a. 1, q. 2, Cf. Alex. Hal., *Somme théologique*, II, q. 1, m. 2, a. 5 (II. 21). Cf. Bonav., *Opera omnia* II, 134, Scholion.

LA CRÉATURE, VESTIGE DE DIEU

Connaître la créature, c'est la comprendre tout
d'abord, et pour cela il faut la voir créée, c'est-à-dire
la saisir dans son rapport avec son premier Principe, car « on ne peut arriver à la connaisance de la
créature qu'en passant par ce par quoi elle a été
faite ». Les choses « existent », c'est dire qu'il faut
les re-joindre à leur Idée, à ce modèle qu'elles ont
dans le Verbe, qui apparaît comme le point de toute
leur tension, le lieu de leur repos et la perfection de
leur achèvement. Seul le regard qui sait le mouvement depuis la source peut, se posant sur une créature, la voir comme une image ou mieux comme un
vestige, imitation plus lointaine du créateur. Un signe
a besoin d'être lu, la création a besoin de mon
regard et de mon amour pour que « se réalise »
l'image de Dieu. Et le signe que je lis au livre
de la création ne se surajoute pas au monde de mes
désirs pour en faire un monde sacramentel. Etre
un vestige, ce n'est pour aucune créature, un accident,
quelque chose que la piété du regard ajoute, c'est
l'être même de la chose : sa façon d'être, c'est d'être
liée et en dépendance, de refléter. On méconnaîtrait
donc l'essence des êtres en les traitant comme des
choses posées « absolument ». On ne peut les penser
seules sans les rapporter aux raisons transcendantes
qu'elles imitent pour être et dont elles constituent
pour ainsi dire les signes sensibles. Il faut « rapporter » les créatures à leur réalité pour lire correctement leur nombre qui n'est pas simple, mais à jamais
donné dans un « rapport ». Le monde, pour saint
Bonaventure, est comme un livre qui nous parle de
Dieu, tout comme le livre des Ecritures, et nous

allons y retrouver encore « la vision neuve des êtres que venait d'apporter François d'Assise à l'esprit de qui chacune de leurs qualités évoquait une vertu divine ». [19]

Avant de la proférer dans l'espace et dans le temps, Dieu exprime la création dans son Verbe — son art vivant —, toute la création sous forme d'idées éternelles. C'est déjà la création et il faudra s'en souvenir à la lecture de ce livre : la création y est dite « in principio », elle est « dans le Verbe de Dieu » et elle a eu lieu « au commencement ». Elle est « ex tempore » : l'œuvre du Père, de sa toute-puissance, avant les six jours qui ne sont pas de création mais seulement de distinction et d'ornement. « Hors du temps », mais aussi dans le temps, en train de se faire continuellement, la création est, de toutes choses, en même temps dans la pensée et l'amour de Dieu et cependant elle demande encore du temps pour se faire, successivement et lentement, vers son achèvement au dernier jour. Elle est de toutes choses, « égales », dans le rapport unique et parfait de tout être à son Idée, et cependant l'ombre et le vestige, l'image et la ressemblance disent la hiérarchie des êtres qui, « sous l'influence », s'ordonnent dans un espace mystérieux qui va du plus près de Dieu qui les fait, aux frontières du néant dont il les tire. Dieu est donc l'exemplaire de toute la création.

Toutes les qualités des créatures évoquaient une vertu divine à l'esprit de François d'Assise, mais cette évocation quelque peu lyrique revêt, avec saint Bona-venture, un langage plus technique... et l'on retrouve

_____

19. P. Vignaux, *La philosophie au Moyen-Age*, Paris 1958, 113.

Aristote et ses réflexions sur la cause première,
l'universalité et la profondeur de l'influence liée à
la simplicité.

Saint Bonaventure note en effet que l'existence de
Dieu se lit dans l'indigence même de la créature. Sa
vanité, son instabilité et sa variabilité postulent l'existence de la vérité, de l'être parfaitement stable et
simple. Mais dépassant bien vite cette perspective
aristotélicienne et le rapport de causalité, saint Bonaventure, reprenant ces « creux » de la créature : la
vanité, l'instabilité et la variabilité, va montrer que
cette indigence même est comme un témoignage de
l'infinie perfection de Dieu et de sa simplicité, témoignage de l'infinie perfection de Dieu et de sa simplicité, témoignage non pas d'une existence au-delà
mais d'une présence au cœur même de la créature,
de toutes créatures : présence créatrice qui fait
« être », qui fait subsister la créature et qui est
l'influence de Dieu, non pas au commencement de
la série, mais contemporaine à la durée de chaque
être... Le côté non-être de la créature témoigne ainsi.

Et pareillement, la limite dans la perfection. C'est
encore un témoignage par voie négative, et ici nous
sommes conduits encore plus loin. Les propriétés qui
ne peuvent convenir qu'à la seule créature témoi-
gnent « en creux » des perfections du Créateur. L'ombre proche de la lumière exalte encore plus les splen-
deurs de celle-ci, et il n'y a pas d'ombre sans
lumière. Ainsi la mesure et le mode qui limitent la
perfection de la créature, exaltent l'immensité et
l'infinité de la puissance de Dieu qui est sans trace
de mesure et de mode. On peut en dire autant de la
distinction et du nombre, de l'ordre et de l'inclination. Ces qualités « limitées » des créatures clament
la suprême perfection du Créateur. La « mesure » qui

est propre à chaque créature et l'établit dans un « mode » singulier d'existence, est liée à son unité qui est individualité et distinction des autres. Le nombre, la proportion qui fait la beauté est liée à la vérité ; l'ordre et l'inclination, à la bonté.

Tout proches de l'ombre, voici les points lumineux qui disent la continuité et le lien et la présence de la lumière et sa source. L'unité, la vérité et la bonté disent, au sein même de la créature, la présence créatrice de Dieu : « influence » qui mieux que « création », liée au passage du non-être à l'être, dit la dépendance de la créature. L'influence divine revêt un triple aspect et dans la continuité qui la fait contemporaine de son effet, elle fait « être » la créature, qui n'est que pour autant qu'elle est une, vraie, bonne. L'influence divine est cause efficiente, exemplaire et finale.

Cause efficiente, cette première influence qui est d'existence donne à chaque essence créée d'être ce qu'elle est, sa réalité concrète et cette façon générale d'être « une ». C'est sous la seule influence du premier un qu'elle est une, mais il y a loin de cette unité ainsi créée à l'un, car cette unité est toujours en risque de division et, placée à côté des autres unités, elle fait nombre. « A la causalité exemplaire correspond l'influence de vérité, la vérité d'une chose qui vient de la vérité incréée... La causalité finale conditionne la bonté substantielle de la créature ».

Nous sommes loin de l'ontologie classique, même si nous rencontrons les mêmes termes qui semblent converger vers l'être comme vers leur centre. Il ne s'agit pas ici de l'être abstrait, mais bien de l'Etre vivant et personnel qui s'est défini lui-même « Ego sum qui sum » : l'Etre qui est Dieu et sous l'influence de qui tout est constitué. Tout s'explique par Dieu,

par son influence. Et c'est la Trinité même qui nous
est, ici, enseignée : dans l'unité on voit le visage
du Père, dans la vérité se manifeste le Verbe, dans
la bonté le Saint-Esprit se fait connaître. L'unité, la
vérité et la bonté sont aussi le signe de l'ordre des
personnes entre elles : la vérité présuppose l'unité,
et la bonté suppose la vérité et l'unité. La vérité est
ce rapport toujours exact de la chose à l'idée exemplaire et comme la comparaison ne peut s'établir
qu'entre choses existantes, elle implique l'unité par
laquelle cette chose est constituée dans l'existence ;
de même la bonté, qui exprime l'ordination de la
chose à sa fin, suppose non seulement l'existence
(l'unité) mais encore la connaissance (la vérité).
« Saint Bonaventure avec un réalisme audacieux ira
jusqu'à comparer l'être accidentel qu'est la créature
par rapport à Dieu, à l'accident par rapport à la
substance. La créature n'existe que par le soutien
permanent de l'essence divine » [20]. Et tout ceci s'applique à toute l'œuvre divine dans ses réalisations
les plus élevées comme les plus humbles, selon les
degrés de l'influence créatrice, et les images d'espace,
de proximité, inhérentes à la hiérarchie et à l'ordre,
ne veulent que traduire la ressemblance.

Ainsi donc le livre de la création, lu avec un
regard de foi, révèle Dieu proche, et sa présence cons-
tante est si proche que dans le même temps elle se
voile pour que soit possible la foi et le jeu de la
liberté. Dieu est présent réellement dans cet univers
qui est son sacrement, à tous offert, puisqu'Il crée

---

20. L. Mathieu, *La Trinité créatrice d'après saint Bonaventure*, 194, qui cite en note *II Sent.*, d. 37, a. 1. q. 2, concl.
(II, 865 b) et *Brevil.*, p. 5, c. 2, n. 3 (V, 253 b).

de rien et conserve dans l'être chacun des êtres selon
l'exemplaire par lequel Il le connaît de toute éternité. Mais sa présence est aussi intentionnelle, parce
qu'il crée des êtres capables de le connaître et de
l'aimer.

Ces êtres vont d'abord manifester au regard de
la foi, d'une façon plus éclatante, la puissance, la
sagesse et la bonté de Dieu, car pour eux Dieu est
non seulement « la cause » mais « l'objet ». Et voici,
au sommet de la hiérarchie des êtres dans leur ordination à la béatitude, les anges et les âmes, sous
l'intensité la plus grande de l'influence.

Il ne s'agit plus ici d'ombre ou de vestige, mais
d'image et de ressemblance. Ressemblance à Dieu
d'abord par « la simplicité de la substance » — sans
danger que l'ange ou l'âme se confondent avec Dieu,
car l'un et l'autre reçoivent de Dieu leur être en
« une matière » apte à recevoir la vie —, ressemblance encore par « la distinction de la personne »,
et enfin par « la puissance naturelle et élective »
qui fait la substance spirituelle, naturellement image
de Dieu dans l'unité du souvenir et la vérité du
penser et la bonté du vouloir et de l'aimer, et qui,
dans son choix libre avec la grâce, assimile au
Dieu-amour cette substance spirituelle pour la béatitude méritée dans une ressemblance plus étroite
(au sujet des anges. cf. c. 6).

Jacques Paliard, dans un admirable dialogue inti-
tulé « La création des âmes », fait dire à l'âme s'adres-
sant à Dieu : « L'être que vous venez de me donner
en me donnant de vous aimer n'est rien au regard de
celui que vous me proposez en me demandant de
vous aimer » [21]. Peut-on trouver parmi les contem-

---

21. J. Paliard, *Connaissance de l'illusion*, 143.

porains expression plus bonaventurienne de l'image
et de la ressemblance en l'âme humaine ?

La ressemblance qui s'épanouira en une véritable
déification chez les élus implique que l'âme en soit
capable, naturellement capable de Dieu et donc créée
à son image... pour l'assimilation à venir. C'est la
fin véritable de l'âme humaine qui commande chez
saint Bonaventure toute la conception qu'il se fait
de l'homme et de ses pouvoirs de connaissance. Si
nous n'en étions pas encore assurés, il faudrait relire
le chapitre 10 de ce livre : le point de départ de son
étude psychologique n'est pas « ce par quoi est faite
l'âme » mais « ce pour quoi elle est faite », encore
Dieu au-delà de la béatitude ; « l'âme raisonnable
est une forme capable de béatitude, une forme apte
à la béatitude », capable de Dieu, apte à Dieu ; et
encore : « la fin de la béatitude impose nécessairement les conditions... à l'âme ordonnée à la béatitude » [22]. Ces conditions seront donc « conclues ». Une
fois encore le mouvement de la pensée est caractéris-
tique : a priori, diront les uns ; disons plutôt on ne
peut plus concret et réaliste. Il se coule dans le mouvement qui pose le réel aux jours de création, mouvement qui est tout à la fois amour et connaissance,
science et sagesse.

Le livre est ouvert qui exprime Dieu, son unité
et sa toute-puissance, sa sagesse et sa bonté. Le
livre est pour le lecteur, mais pour lire le livre il
faut aller au-delà des signes et connaître Celui qui
fait signe, il faut aussi le regard pour accueillir la
lumière, et voici l'homme.

---

22. Cf. *Brevil.*, p. 2, c. 9.

L'anthropologie

L'HOMME IMAGE DE DIEU

L'homme est la fin immanente de la création, c'est pour lui que le livre est écrit. Toute la création est pour lui, « tout est à vous » : et cette création toujours en train d'être faite, inachevée encore attend de la connaissance de l'homme d'être lue « correctement », et de sa technique et de son amour d'être « orientée », tournée vers l'homme et par lui vers Dieu. Pour l'instant, la terre qui se prépare à être « nouvelle », à être sauvée, c'est une terre qui est plus humaine, où la vie peut s'épanouir plus fraternelle et plus religieuse. Mais pour lire la terre et l'univers et y reconnaître le signe que Dieu fait et le vivre de telle façon qu'il soit plus clair à déchiffrer, il faut un regard qui connaisse, un cœur qui aime, il faut lire par le dedans et dire comme, un

3

jour, et aujourd'hui, ça était dit : et voici l'homme, à
l'image de Dieu...

« Le mot image a perdu beaucoup de sa signification dans nos civilisations de l'image... Il ne s'agit
pas ici d'imitation extérieure, de fac-similé, de dupli-
cata... » de tout ce qui fige des traits à tout jamais
et qui fait dire « sage comme une image ». Le mot
image était plus lourd de signification pour le gra-
veur sur bois et sa longue patience à la recherche
d'un trait plus fin et plus vivant et qui court le
risque pour un nœud qui dévie sa gouge de perdre
un travail de longue haleine... Il avait un autre
sens ce mot pour le sculpteur de Chartres : le poids
de la fatigue et l'enthousiasme de sa joie, et tout
son art et tout son amour, quand il taillait dans la
pierre du portail Nord, le Christ façonnant Adam
d'après sa propre image.

Image de Dieu, image vivante, c'est la façon d'être,
d'exister de l'homme ainsi façonné dans son être. Son
âme est à l'image de Dieu, naturellement et substan-
tiellement, et non par une attitude adoptée ou par
quelque chose de surajouté, d'imprimé par-dessus. Il
est donné à lui-même et reçu comme image, et dans
un mouvement de liberté qui s'inscrit dans la ligne
de son être il a à se connaître et à se vouloir image
de Dieu... Image, car il reproduit son modèle dans
une convenance d'ordre et de proportion : convenance d'ordre qui est définie par sa situation, médiateur qu'il est entre Dieu et le monde, lecteur du
livre de la création. Il est entièrement ordonné vers
le Créateur, et doué d'un regard qui fait la lecture
intelligente pour que soit connue la manifestation
divine, ordonné entièrement pour l'appropriation de
toutes choses qui fera la louange parfaite et pour
la jouissance de tous les biens qui fera parfaite la

communication de ceux-ci. A l'image de Dieu qui dit, pour qu'il soit capable de « comprendre » ce qui est dit [23].

A l'image de Dieu, dans cette convenance de proportion qui le constitue. « Toutes proportions gardées », lointaine est l'analogie entre l'agir de Dieu et celui de l'homme, si lointaine que les abords du mystère de la création sont difficiles, que les mots font défaut et que l'échec guette toute recherche purement philosophique ; mais l'analogie est plus claire qui considère l'âme en son être et le rapport de ses puissances qui sont encore l'âme. « Dans l'âme rationnelle on trouve l'unité d'essence et la trinité des puissances ordonnées l'une à l'autre de façon comparable aux personnes divines dans leurs relations mutuelles ; c'est pourquoi il y a là une similitude de proportion ; et pour cette raison la créature raisonnable qu'est l'homme est image de Dieu » [24], écrit saint Bonaventure ; et dans un autre texte où il commente la formule augustinienne « l'âme est image de Dieu parce qu'elle est capable de Dieu » : parce qu'elle lui est immédiatement ordonnée, elle est capable de lui ; et inversement, parce qu'elle est capable de lui, il lui appartient par nature d'être configurée à lui. Pour cette raison, l'âme humaine porte en elle-même, de

---

23. Ce paragraphe et les suivants doivent beaucoup à la thèse de L. Mathieu, *La Trinité créatrice d'après saint Bonaventure*, c. 7 : *L'image créée*. Cf. *II Sent.*, d. 16, a. 1, q. 1, concl. (II, 394 b).

24. *II Sent.*, d. 16, a. 1, q. 1, concl. (II, 395). Cf. Aug., *De Trin.*, passim., IX, X, XIV, XV. E. Gilson, *La Philosophie de saint Bonaventure*, c. 7 : *L'analogie universelle*, 178-180.

par son origine « la lumière de la face divine (Ps. 4, 7) »[25].

L'HOMME « CAPAX DEI »

Mais comment entendre ce « capax Dei » qui fait l'âme image de Dieu au point que nous devons parler de « participation » ? Il faut penser ici « capable » que l'on est et aussi « capacité » que l'on a ; c'est-à-dire d'abord un pouvoir de connaître et d'aimer Dieu, mais aussi le fait qu'on le reçoit et qu'on le contient, qu'on a « été » en quelque sorte ouvert à Lui par Lui : si bien que le connaître c'est toujours le reconnaître, et le chercher c'est déjà l'avoir trouvé ; mais si la recherche est abandonnée, c'est qu'on l'a déjà perdu. L'amour ne se précède-t-il pas toujours lui-même ? Nous retrouvons ainsi la démarche même de l'augustinisme dans cet idéal de connaissance et d'amour dont l'âme est « capable » : « transcende te ipsum », mais dans ce mouvement ne faut-il pas reconnaître ce qui nous est intérieur, « intimius intimo meo ».

Cet « intimius intimo meo », « c'est le sanctuaire immense et infini où se trouve présente la lumière divine, la suprême vérité, lumière de l'âme ». C'est aussi le lieu où l'âme est donnée à elle-même et se reçoit comme présence de soi à soi qui se développera, par la suite, en connaissance de soi et en amour qui est ici consentement à être, et aussi en connaissance et en amour de Dieu, présent en l'âme. Cet « intimius intimo meo », c'est la mémoire.

---

25. *II Sent.*, d. 16, a. 1, q. 1, concl. (II, 395 a). Cf. Aug., *De Trin.*, XIV, c. 8, n. 11 (PL 42, 1044).

LA MÉMOIRE

Non pas la mémoire qui nous fait revivre le passé, qui arrive après pour nous redonner ce qui était avant, en forme de savoir ou de souvenir. La mémoire, ici, c'est le don premier qui fait que la connaissance est reconnaissance et qui donne à l'effet de l'amour, l'amour comme origine.

Elle est ce « Je » tout entier donné à lui-même et qui devra « se créer », se réaliser dans le déploiement des « moi » que le temps et l'espace disperseront et qu'elle essaiera, mémoire psychologique, tant bien que mal, de ressaisir avant que le dernier instant ne les ressaisisse pour être « tels qu'en nous-mêmes enfin l'éternité... » Elle est donc, avant toute activité intellectuelle, déjà en nous, la présence lumineuse de la souveraine Vérité et du parfait Amour la présence chaude. Encore faut-il consentir à l'être dans cette conversion qui, nous tournant vers Dieu ou nous-mêmes, nous place sous l'influence, nous « ordonne » en « image ». Vers Dieu ou vers moi-même, car ici « Dieu n'est pas un autre que moi, il est autrement moi ». [26] Etre créature pour l'âme c'est être naturellement image de Dieu, en recevant continuellement de Dieu cette influence créatrice qui la rend capable de le prendre comme objet.

L'âme est « image de Dieu », en ce que dans son unité substantielle et la trinité de ses puissances sont figurées l'unité consubstantielle et la distinction des personnes divines selon l'ordre et l'origine. La mé-

---

26. Ch. Duquoc, *Acte créateur et humanité de Dieu*, dans *Lumière et Vie*, n. 48, 63-88.

moire qui porte en elle les espèces innées, qui est
première se trouve à l'origine de l'intelligence et
de la volonté et n'est référée par saint Bonaventure
qu'à la personne du Père.

L'HOMME RESSEMBLANCE

« L'être que vous venez de me donner, dit l'âme
à Dieu, en me donnant de vous aimer n'est rien au
regard de celui que vous me proposez en me demandant de vous aimer ». Cet être nouveau, saint Bonaventure l'appelle « la similitude » ; l'âme n'est plus
seulement « capax Dei », elle devient par ce nouveau
don de Dieu, déiforme. « Elle peut posséder Dieu
comme don infus, lui étant configurée par la foi,
l'espérance et la charité, qui sont le triple don ».
Ce triple don développe en l'âme le regard de
contemplation « pour voir Dieu et ce qui est en
Dieu ». Ce regard, le péché l'aveugle, mais « il peut
être récupéré par la grâce, la foi et la connaissance
des Ecritures, par lesquelles l'esprit humain est
purifié, illuminé et perfectionné pour contempler
Dieu ». [27]
Le « don » premier et « la demande » se proposent à la liberté de l'homme, qui n'est « vraiment »
image que s'il pénètre à l'intérieur de lui-même et
ne devient similitude que si, exauçant « la demande »,
il se laisse exhausser à ce niveau, inaccessible à ses
seules forces, de perfection nouvelle et transcendance,
de conformité, de participation.

---

27. V. M. Breton, *Saint Bonaventure*, Paris 1943, 88.

L'homme que décrit saint Bonaventure, c'est celui qu'intéresse ceux à qui il s'adresse : l'homme racheté et gratifié, l'homme qui a retrouvé le regard qui manquait à la lumière du livre de la création, l'homme qui lit maintenant le livre des Ecritures, et qui a reçu le don de la foi et la grâce. La démarche de l'âme dont saint Bonaventure trace « l'itinéraire » est aussi la seule qui vraiment les intéresse dans son but unique : retrouver et contempler la Trinité créatrice et rédemptrice.

Alors s'éclairent un certain nombre d'affirmations qui étonnent celui qui pense que l'homme est animal raisonnable et non image de Dieu, celui qui met la foi entre parenthèses et « pousse la distinction entre nature et surnature jusqu'à une séparation ». Il faut ici penser à l'illumination divine sous toutes ses formes et au poids qui incline la volonté, au concours naturel que Dieu accorde à l'intelligence, à la raison qui s'exerce et à la volonté qui se décide à agir... L'homme est naturellement image de Dieu, et la grâce qui fait de cette image une ressemblance informe, une nature primitivement adaptée et toujours disposée et prête à cette information. Le don de « nature » qui nous fait image et celui de « grâce » qui nous fait ressemblance, sont dons également gratuits. « Et toute l'ascèse et ses renoncements n'auront pas pour but d'imposer une « forme » étrangère à une « matière » résistante et hostile, mais à faciliter l'épanouissement d'une forme connaturelle en l'aidant à vaincre des résistances étrangères... » « Image de Dieu, et donc jamais homme n'a existé qui n'ait été élevé à l'ordre surnaturel, voué au Christ, racheté par lui et en lui appelé à participer à la vie de la

Trinité » [23]. Et pas plus que la ressemblance n'efface
l'image, la « sagesse » ne nie la « science » lorsque
le regard se portant sur la réalité visible reconnaît
en elle le signe que Dieu lui fait dans cet univers
« sacramenté ». Reconnaître le signe de la chose ne
l'annihile pas, mais bien au contraire la valorise. La
science ? mais un jour, quand son cheminement dia-
lectique arrivera à son terme, elle parlera le monde
comme Dieu l'a dit au premier jour.. Dire la
« vanité » de la créature c'est dire la vérité de cette
créature qui, dans sa dépendance, crie vers le Créateur, et c'est en même temps avec le Christ, en Lui,
se reconnaître médiateur, pour faire aboutir en Dieu,
par la science, la technique, et l'offrande, toute la
création visible, cette création liée à l'homme qui en
est le couronnement et la fin immanente.

Cette médiation ne peut aboutir qui si le point
d'aboutissement est connu : la Trinité créatrice.. Il
faut éduquer le regard : et d'abord contempler en soi
l'image et désirer la similitude, s'élever et se laisser
élever jusqu'à la contemplation de Dieu en s'enfon-
çant au plus intime de soi, et prendre là le départ
pour une connaissance et un amour du monde « qui
gémit dans l'attente ». Le mouvement de l'homme
sera vrai et plus efficace s'il part du plus haut ou du
plus profond, s'il est dans le sens de celui de création,
— de Dieu vers le monde — ou d'incarnation, et
s'il est amoureux comme celui de l'âme vers le corps
qui fait de l'homme une personne, s'il est celui de la
lumière première qui fait les choses et illumine les
esprits. Ce mouvement de Dieu vers le monde, il

---

28. Cal Meouchi, cité dans la Constitution pastorale
Gaudium et Spes, éd. Action Populaire, Paris 1966, 90, note 25.

nous appartient de le faire pour connaître et aimer le monde... Il y a le mouvement en retour, nous en savons l'importance, mais pour qu'il soit exact il faut qu'il soit véritablement « le retour » et donc que l'aller soit connu parce qu'on aura commencé de le parcourir. Et cet itinéraire vers le monde n'est jamais achevé puisque Dieu ne cesse de créer et de racheter... (complémentarité des deux mouvements).

Saint Bonaventure et Vatican II

Ce mouvement-là, c'est celui-là même de Vatican II : de Dieu vers le monde et de l'Eglise dans le monde de ce temps. Rien d'étonnant à ce que Bonaventure ait adopté ce mouvement : il part de Dieu Trinité ; c'est un pasteur et sa théologie de professeur est aussi celle qu'il donne dans ses sermons et qui ne peut pas être spéculation pure mais tout à la fois pensée, vie et amour. Il ne pouvait lui venir à l'idée de faire partir la réflexion de ses auditeurs, de ses étudiants, du « monde », en mettant pour ainsi dire entre parenthèses, leur foi... il devait accepter, lui, dans les travaux théologiques de ses élèves ses arguments empruntés à la théologie mystique et à la vie et à la pratique des grands spirituels, à la liturgie aussi.

Il ne s'agit pas, ici, pour nous, de contester saint Thomas et Vatican I, mais simplement de mesurer la différence de problématique, différence qui les fait, d'ailleurs, complémentaires. Vatican I distingue davantage la double connaissance de Dieu naturelle et surnaturelle : le point de départ, comme dans certaines œuvres de saint Thomas « pour les gentils »

est abstrait, théorique, scolaire en un mot. Vatican II
n'ignore pas cet enseignement, et saint Bonaventure
non plus, mais ce concile et le docteur séraphique
nous situent d'emblée, dans la perspective de l'Eco-
nomie : l'Ecriture pour le salut, et la foi qui me dit
le monde comme le signe de Dieu, et la création
« le Verbe dans le temps ».

L'acte de foi est conçu par Vatican I comme une
acceptation de l'autorité de Dieu révélant et commu-
niquant à l'homme « les décrets éternels de sa
volonté », croire, c'est cela bien sûr mais aussi avec
Vatican II, beaucoup plus trinitaire et qui situe la foi
davantage dans la ligne du mystère paulinien (Ep. 1) :
croire, c'est moins se soumettre à une autorité révélant ses décrets qu'accéder à l'œuvre de divinisation
historiquement déployée par le Père : ici l'élément
cognitif se trouve englobé dans le don d'une vie,
dans l'offre d'une communion (Vie, communion :
l'homme, image de Dieu et ressemblance).

Et enfin l'accord entre la foi et la raison était
démontré par Vatican I au moyen du miracle et de
la prophétie. Vatican II montrera plutôt comment la
Révélation rejoint l'expérience de l'homme : le mouvement est retrouvé et nettement indiqué, qui est
celui-là même de Dieu créant et du Verbe s'incar-
nant. Ce mouvement, nous le retrouvons partout
dans l'œuvre de saint Bonaventure, et ce magnifique
résumé « du monde, créature de Dieu » le reprend
sans cesse... et par avance saint Bonaventure répond
à ce qu'exige un tel mouvement et qui réclamait un
des Pères du Concile. « Il faudrait, disait-il cons-
truire une doctrine de l'anthropologie chrétienne,
dont le fondement serait l'image de Dieu, selon la
tradition surtout orientale, et dont les conséquences
affirmeraient que l'homme chrétien est la conscience

du monde, que son existence est immanente au monde (comme l'est l'existence du Christ-Chef) dans la mesure où il vit selon la nature, cette nature créée par Dieu. » Ce « il faudrait », saint Bonaventure le comble.

Trophime MOUIREN.

LA PRÉSENTE ÉDITION

1. Sa raison

La raison de la présente collection est de préparer par l'édition commentée des œuvres les plus significatives de saint Bonaventure et par des études sur sa vie, son œuvre et sa pensée philosophique, théologique et spirituelle, le septième centenaire de sa mort.

Jusqu'en 1974, les promoteurs de cette collection se sont voués à la mission de faire connaître au public l'un des grands maîtres de la théologie. Ce faisant, ils ont conscience de ne pas faire seulement une œuvre de reconstitution archéologique, mais d'apporter par la qualité des textes retenus et la valeur des études présentées une contribution authentique à la rénovation théologique et spirituelle de l'Eglise de Vatican II.

En ce qui concerne plus particulièrement le *Brevi-*

loquium, le fait que la traduction française en paraisse pour la première fois ici et inaugure cette collection nous remplit tout à la fois d'une joie profonde et d'une émotion vraie.

Nous souhaitons que le lecteur puise dans les pages qui vont suivre un désir ardent de mieux connaître l'objet même de sa foi afin d'en mieux vivre.

2. Justification

Le texte latin est celui de l'édition critique des Pères du Collège Saint Bonaventure de Quaracchi (opera omnia, V, 199-291). Nous le reproduisons avec la bienveillante autorisation du P. Directeur auquel nous nous plaisons à manifester ici notre reconnaissance. Ce texte latin ne porte que les références scripturaires. Nous renvoyons le lecteur désireux de posséder dans un format pratique avec le *Breviloquium,* l'*Itinerarium* et le *De reductione artium ad theologiam,* un choix de sermons dont certains inédits, au tome V des *Opera theologica selecta,* editio minor, Quaracchi 1964, 27 * + 454 pages.

La traduction française est l'œuvre d'une équipe fraternelle. Pour la commodité de la lecture, on a remplacé les formules introductrices « *hoc tenendum est* » et « *ratio autem ad inteligentiam praedictorium haec est* », par « Enoncé » et « Explication ».

Certains termes ont été maintenus dans leur forme latine parce qu'ils nous ont semblé impossibles à traduire correctement : *habitus, gratia gratum faciens, gratia gratis data.*

Les introductions particulières et les notes.

Elles sont l'œuvre des collaborateurs de l'équipe. Elles sont destinées à aider le lecteur à mieux entrer dans la matière traitée par saint Bonaventure et à faciliter l'intelligence des expressions plus difficiles. On y a ajouté à l'occasion une bibliographie sommaire qui peut permettre au lecteur désireux d'approfondir la pensée de saint Bonaventure, de s'aider d'études sérieuses.

Les tables.

Les tables ont l'ambition de rendre utilisable au maximum la densité du *Breviloquium*.

Une première table donnera la liste des références à l'Ecriture, aux autorités patriotiques ou autres, tandis qu'une table doctrinale doit permettre de retrouver aisément dans chaque volume le texte où saint Bonaventure expose tel aspect de sa pensée, tel article du donné révélé.

3. Sigles et abréviations

Ecriture Sainte.

Pour les citations scripturaires, on a retenu les abréviations de la Bible de Jérusalem.

Œuvres de Saint Bonaventure.

Apologia pauperum	Ap. paup.
Breviloquium	Brevil.

Commentaires Sentences	I Sent., II Sent. III Sent., IV Sent.
Commentaires Scripturaires	Comm. Comm. Jn Comm. Lc Comm. Sg
Collationes de decem praeceptis	Dec. praec.
Epistola	Ep.
Collationes in Evang. Jn	Coll. Jn.
Collationes de Donis Spiritus Sancti	De donis
Collationes in Hexaëmeron	Hexaem.
Itinerarium mentis in Deum	Itin.
Questiones disputatae de Myst. Trin.	M. Trin.
Questiones de perfectione evangelica	Perf. ev.
Questiones de Scientia Christi	Sc. Chr.
Legenda major	Leg. maj.
Legenda minor	Leg. min.
Lignum vitae	Lign. vit.
De perfectione vitae ad sorores	Perf. vit.
De praeparatione ad missam	Praep. miss.
De reductione artium ad theologian	Red. art.
Sermones	Serm.
Exemple : 1ᵉʳ dimanche de l'Avent sermon 1	1. Art 1
22ᵉ dim. après la Pentecôte sermon 3	22. Pent. 3
De triplici via	Tripl. via
Soliloquium	Solil.
Vitis mystica	Vit. myst.

Pour les références textuelles

ad (réponses aux objections)	ad
Articulus	a.
Argumentum	arg.
Capitulum	c.
Collatio	coll.
Conclusio	concl.
Distinctio	d.
dubium	dub.
fundamentum	fund.
Littera Magistri	Lit. Mag.
Membrum	m.
Numerus	n.
Oppositum	Opp.
pars	p.
proœmium	proœm.
propositio	prop.
prologus	prol.
Quaestio	q.
Quaestio incidens	q. incid.
Solutio	Sol.
Textus	t.
unicus	un.
versiculus	v.

Toutes les références à saint Bonaventure sont données à l'édition critique in-folio.

Exemple : II. Sent., d. 29, p. 1, a. un., q. 3, ad 2 (II, 495 a) veut dire :

Commentaire du *IIe Livre* des Sentences, distinction 29, pars 1, article unique, question 3, réponse à la deuxième objection. Ce texte se trouve dans le tome II, page 495, colonne de gauche.

Sc. Chr., q. 4, fund. 21 (V, 20 b) veut dire *Questions disputées sur la Science du Christ,* question 4, fondement 21. Le texte se trouve dans le tome V, à la page 20, colonne de droite.

Les citations du *Breviloquium* se présenteront ainsi : *Brevil.,* prol. § 5, n. 2 — *Brevil.,* p. 5, c. 8, n. 3, ce qui veut dire :

Breviloquium, prologue, paragraphe 5, numéro 2 ou pars 5, chapitre 8, numéro 3.

Auteurs

Saint Augustin	Aug.
Saint Grégoire le Grand	Grég.
Aristote	Arist.

Les citations sont toujours faites à la Patrologie Latine de Migne : PL ou grecque : PG

le premier chiffre indique le tome

le deuxième chiffre indique la colonne

la lettre qui suit indique la hauteur dans la colonne.

Parfois nous renvoyons aussi au Corpus Scriptorum ecclesiasticorum latinorum ou CSEL en indiquant le tome et la page : CSEL 25, 32.

Les citations d'Aristote se réfèrent à l'édition BEKKER, texte grec au tome 1, page et ligne ; texte latin au tome 3, la page de l'édition grecque étant reproduite dans les colonnes de même que les lignes. Ex. : Arist., Topic., 1, c. b (c. 7) (103 a 19-20) signifie qu'on trouvera le texte grec au tome 1 à la page 103 colonne de gauche, lignes 19-20 et le texte latin au tome 3 dans la colonne correspondant à cette page 103.

Revues et dictionnaires

Analecta franciscana	AF
Archivum franciscanum historicum	AFH
Archives d'histoire doctrinale et littéraire du Moyen-Age	AHDLMA
Antonianum	Anton.
Bibliotheca scolastica franciscana medii aevi	BSF
Collectanea franciscana	CF
Dictionnaire de spiritualité	DS
Dictionnaire d'histoire et de géographie ecclésiastiques	DHGE
Dictionnaire de théologie catholique	DTC
Estudios franciscanos	ETF
Etudes franciscaines	EF
Ephemerides theologicae Lovanienses	ETL
France franciscaine	FF
Franziskanische Studien	FS
Franciscan Studies	FSt
Gregorianum	G
Miscellanea franciscana	MF
Lexikon für Theologie und Kirche	LTK
Revue d'ascétique et de mystique	RAM
Revues des études augustiniennes	REA
Revue d'histoire de l'Eglise	RHE
Revue de philosophie de Louvain	RPL
Revue des sciences philosophiques et théologiques	RSPT
Revue de théologie ancienne et médiévale	RTAM (BTAM)

Partie II

LE MONDE
CRÉATURE DE DIEU

PARS SECUNDA
DE CREATURA MUNDI

Capitulum 1

De productione mundi totalis

1. His summatim praeintellectis de Trinitate Dei, dicenda sunt aliqua de creatura mundi. Circa quam haec tenenda sunt in summa : videlicet quod universitas machinae mundialis producta est in esse ex tempore et de nihilo ab uno principio primo, solo et summo ; cuius potentia, licet sit immensa, disposuit tamen *omnia in certo pondere, numero et mensura*[1].

DEUXIÈME PARTIE
LE MONDE CRÉATURE DE DIEU

Chapitre 1

La production du monde comme un tout

1. Après nous être fait une idée sommaire de la Trinité de Dieu, il faut parler quelque peu du monde, créature de Dieu [1].

Enoncé

La totalité de la machine du monde a été produite dans l'être, dans le temps, et de rien, par un unique premier Principe, seul et souverain, dont la puissance, bien qu'incommensurable a disposé « toutes choses dans un certain poids et nombre et mesure » [2].

2. Haec generaliter intelligenda sunt circa rerum productionem, ex quibus veritas colligitur et error repudiatur. Per hoc enim, quod dicitur *ex tempore,* excluditur error ponentium mundum aeternum. Per hoc, quod dicitur *de nihilo,* excluditur error ponentium aeternitatem circa principium materiale. Per hoc quod dicitur *ab uno principio,* excluditur error Manichaeorum ponentium pluralitatem principiorum. Per hoc quod dicitur *solo et summo,* excluditur error ponentium Deum produxisse inferiores creaturas per ministerium intelligentiarum. Per hoc autem, quod additur *in certo pondere, numero et mensura,* ostenditur, quod creatura est effectus Trinitatis creantis sub triplici genere causalitatis : *efficientis,* a quo est in creatura *unitas, modus* et *mensura ; exemplaris,* a quo est in creatura *veritas, species* et *numerus ; finalis,* a quo est in creatura *bonitas, ordo* et *pondus.* Quae quidem reperiuntur in omnibus creaturis tanquam vestigium Creatoris, sive corporalibus, sive spiritualibus, sive ex utrisque compositis.

3. Ratio autem ad intelligentiam praedictorum haec est : quia ad hoc, quod sit ordo perfectus et status in rebus, necesse est, quod omnia reducantur ad unum principium, quod quidem sit *primum,* ut det ceteris *statum ;* et *perfectissimum,* ut det ceteris omnibus *complementum.* Quoniam igitur primum prin-

2. Il faut entendre dans leur sens général, ces affirmations touchant la production des choses : à partir d'elles peut se conclure la vérité et se dissiper l'erreur.

En disant : dans le temps, on exclut l'erreur de ceux qui professent l'éternité du monde.

En disant : de rien, on exclut l'erreur de ceux qui professent l'éternité de la matière.

En disant : par un unique principe, on exclut l'erreur des Manichéens qui proposent la pluralité des principes.

En disant : seul et souverain, on exclut l'erreur de ceux qui professent que Dieu a produit les créatures inférieures par le ministère des intelligences.

En ajoutant : dans un certain poids et nombre et mesure, on montre que la créature est l'œuvre de la Trinité sous une triple causalité : efficiente, d'où la créature reçoit l'unité, le mode et la mesure ; exemplaire, par laquelle se trouve dans la créature, la vérité, la beauté et le nombre ; finale, par laquelle se trouve dans la créature, la bonté, l'ordre et la pesanteur.

Et tout cela se retrouve dans toutes les créatures comme vestiges du Créateur, soit dans les choses corporelles, soit dans les choses spirituelles, soit dans les choses à la fois corporelles et spirituelles.

3. *Explication*

Pour que l'ordre des choses soit parfait et définitif, il faut que toutes choses soient reconduites à un seul principe. Ce principe doit être le premier pour donner aux autres leur existence, il doit être le plus parfait pour les conduire à leur achèvement[*].

Or ce premier principe en qui se trouve l'exis-

cipium, in quo est *status,* non potest esse nisi *unum*
solum ; si mundum producit, cum non possit ipsum
producere de se ipso, necesse est, quod producat *ex
nihilo.* Et quia productio ex nihilo ponit *esse* post
non-esse ex parte *producti,* et immensitatem in virtute producente ex parte *principii,* cum hoc sit solius
Dei, necesse est, quod creatura mundi sit producta
ex tempore ab ipsa *virtute immensa,* agente per se
et immediate.

4.   Rursus, quoniam principium perfectissimum,
a quo manat perfectio universorum, necesse est agere
a se et *secundum se* et *propter se* — quia nullo in
agendo indiget extra se — necesse est, quod habeat
respectu cuiuslibet creaturae intentionem triplicis cau-
sae, scilicet *efficientis, exemplaris* et *finalis ;* necesse
est etiam, omnem creaturam secundum hanc triplicem habitudinem comparari ad causam primam.
Omnis enim creatura constituitur in *esse* ab efficiente,
conformatur ad exemplar et ordinatur ad finem ; ac
per hoc est *una, vera, bona ; modificata, speciosa,
ordinata, mensurata, discreta* et *ponderata :* est enim
pondus inclinatio ordinativa. — Et haec quidem
generaliter dicta sunt de omni creatura, sive corporea, sive incorporea, sive ex utrisque composita,
sicut est natura humana.

tence ne peut être qu'unique. S'il crée le monde,
il ne peut le créer à partir de lui-même, il le crée
donc de rien.

De plus, la production « de rien » signifie l'être
après le non-être pour ce qui est produit et, pour
le principe, l'infinité de la puissance créatrice. Parce
que cela n'appartient qu'à Dieu seul, le monde a été
nécessairement produit dans le temps par cette puissance sans limite, agissant par elle-même et immédiatement.

4.   En outre, parce que le principe parfait dont
découle la perfection de toutes choses, agit nécessairement par lui-même, selon lui-même et pour
lui-même — il n'a besoin de rien en agissant hors
de lui —, il faut qu'il ait à l'égard de toute créature
un dessein selon la triple causalité efficiente, exemplaire et finale. Il faut aussi que toute créature
puisse être comparée à la cause première selon cette
triple causalité. Toute créature, en effet, est constituée dans l'être par la cause efficiente, elle est
conformée à l'exemplaire, elle est ordonnée à une
fin [4].

Par là, elle est une, vraie et bonne ; conforme,
belle et ordonnée ; mesurée, distincte et pesante (la
pesanteur est, en effet, une tendance ordonnée). Tout
ceci s'applique en général à toute créature corporelle, incorporelle, ou composée de corps et d'esprit
comme l'est la nature humaine.

Capitulum 2

De natura corporali quantum ad fieri

1. Natura vero corporea nobis consideranda est quantum ad *fieri*, quantum ad *esse* et quantum ad *operari*. — De natura vero corporea quantum ad *fieri* haec specialiter tenenda sunt, quod sex diebus sit in *esse* producta, ita quod *in principio*, ante omnem diem *creavit Deus caelum et terram*. — Prima vero die formata est lux ; secunda firmamentum factum est *in medio aquarum ;* tertia die separatae sunt aquae a terra et congregatae *in locum unum ;* quarta vero die caelum ornatum est luminaribus ; quinta, aër et aqua volatilibus et piscibus ; sexta die, terra animalibus et hominibus ; *septima die requievit Deus,* non a labore nec ab opere, cum usque nunc operetur, sed a novarum specierum conditione, quia omnia fecerat vel in *simili,* sicut illa quae propagantur, vel in *seminali ratione,* sicut illa quae aliis modis introducuntur in *esse.*

Chapitre 2

La nature corporelle
dans sa genèse

1. Il nous faut considérer la nature corporelle dans sa genèse [5], dans son être et dans son agir.

Enoncé

La nature corporelle a été produite en six jours, de sorte qu'au commencement, avant tout temps, Dieu créa le ciel et la terre [6]. Le premier jour a été formée la lumière ; le deuxième jour, le firmament a été créé au milieu des eaux ; le troisième jour, les eaux ont été séparées de la terre et amassées en un seul lieu ; le quatrième jour, le ciel a été orné de luminaires ; le cinquième jour, les airs et les eaux ont été peuplés d'oiseaux et de poissons ; le sixième jour, la terre a été peuplée d'animaux et d'hommes ; le septième jour, Dieu se reposa, non pas de son travail et de son œuvre, car il continue toujours d'agir, mais il s'arrêta de produire de nouvelles espèces. Il avait fait toutes choses, soit dans leur prototype, ainsi les choses qui se propagent par génération, soit dans leur raison séminale, ainsi les choses qui viennent à l'être autrement [7].

2. Ratio autem ad intelligentiam praedictorum
haec est. Quia enim res manant a primo principio
et perfectissimo, tale autem est *omnipotentissimum,*
sapientissimum et *benevolentissimum :* ideo oportuit,
quod sic producerentur in *esse,* ut in earum produc-
tione reluceret triplex nobilitas praedicta et excellen-
tia. Et ideo triformis fuit operatio divina ad munda-
nam machinam producendam, scilicet *creatio,* quae
appropriate respondet *omnipotentiae ; disctinctio,* quae
respondet *sapientiae ;* et *ornatus* qui respondet *boni-*
tati largissimae.

Et quoniam *creatio* est de nihilo, ideo fuit *in prin-*
cipio, ante omnem diem, tanquam omnium rerum et
temporum fundamentum.

3. Rursus, quia *distinctio* corporum mundi atten-
ditur secundum triplicem modum, ideo facta fuit
per triduum. Est enim distinctio naturae *luminosae*
a *perspicua* et *opaca,* et haec facta est in prima die
in divisione lucis a tenebris ; et est distinctio naturae
perspicuae a *perspicua,* et haec facta est secunda die
in divisione aquarum ab aquis ; et est distinctio
naturae *perspicuae* ab *opaca,* et haec facta est
tertia die in divisione aquarum a terris. In his
autem implicite datur intellgi distinctio caelestium
et elementarium, secundum quod post declarabitur.
Sic igitur distinctio fieri debuit per triduum.

2. *Explication*

Les choses viennent du principe premier et parfait. Or, ce principe est tout-puissant, infiniment sage et souverainement bienveillant. Il fallait donc que les choses viennent à l'être de façon que dans leur création éclate cette triple perfection. L'opération divine a donc revêtu une triple forme dans la production du monde :

la création qui, par appropriation, répond à la toute-puissance,

la distinction qui répond à la sagesse,

l'ornement qui répond à la bonté très généreuse.

Et parce que la création est à partir de rien, elle a donc été au commencement, avant tout temps [8], comme fondement de toutes les choses et de tous les temps.

3. En outre, parce que la distinction des corps peut être considérée selon un triple aspect, elle a donc été accomplie en trois jours. Elle est, en effet, distinction de la nature lumineuse, de la nature limpide et de la nature opaque : ceci eut lieu le premier jour, dans la division de la lumière et des ténèbres. Elle est aussi distinction entre les natures limpides : ceci eut lieu le deuxième jour, dans la division des eaux avec les eaux. Elle est enfin distinction entre la nature limpide et la nature opaque : ceci eut lieu le troisième jour, dans la division des eaux et de la terre. Ainsi comprend-on implicitement la distinction entre les cieux et les éléments, comme on l'expliquera plus loin [9]. Ainsi donc, cette distinction a dû se faire en trois jours.

4. Et quia *ornatus* correspondet distinctioni, ideo similiter tribus diebus debuit consummari. Est enim ornatus naturae *luminosae*, et hic factus est quarta die in formatione stellarum, solis et lunae ; et est ornatus naturae *perspicuae*, et hic factus est quinta die, in qua ex aquis facti sunt pisces et aves ad ornatum aquae et aëris ; est et ornatus naturae *opacae*, scilicet terrae, et hic factus est sexta die, in qua factae sunt bestiae, facta sunt et reptilia, facta est etiam ad consummationem omnium natura humana.

5. Haec autem omnia, licet potuerit Deus facere in instanti, maluit tamen per successionem temporum, tum propter distinctam et claram repraesentationem potentiae, sapientiae et bonitatis ; tum propter convenientem correspondentiam dierum sive temporum et operationum ; tum etiam, ut sicut in prima mundi conditione fieri debebant seminaria operum fiendorum, sic fierent et praefigurationes temporum futurorum. — Unde in illis septem diebus quasi seminaliter praecessit distinctio omnium temporum, quae explicantur per decursum septem aetatum. Et hinc est, quod sex diebus operum additur septimus quietis ; qui dies non scribitur habere vesperam, non quia non habuerit dies illa noctem succedentem ; sed ad praefigurandam animarum quietem, quae nunquam habebit finem. — Si autem diceretur alio modo, quod omnia essent simul facta [3], tunc omnes hi septem dies referuntur ad angelicam considerationem. Verumta-

4. L'ornement correspond à la distinction. Il a donc été semblablement achevé en trois jours. Il est, en effet, ornement de la nature lumineuse : ceci eut lieu le quatrième jour dans la formation des étoiles, du soleil et de la lune. Il est aussi ornement de la nature limpide : ceci eut lieu le cinquième jour, lorsque les eaux produisirent les poissons et les oiseaux pour l'ornement des eaux et des airs. Il est enfin ornement de la nature opaque, c'est-à-dire de la terre : ceci eut lieu le sixième jour, lorsque furent créés les animaux et les reptiles et lorsque fut créée, pour l'achèvement de toutes choses, la nature humaine.

5. Toutes ces choses, Dieu aurait pu les faire en un instant. Il préféra cependant les créer dans la succession des temps et ceci pour trois raisons. Tout d'abord, pour donner une représentation distincte et claire de sa puissance, de sa sagesse et de sa bienveillance. Ensuite, pour établir une correspondance convenable entre les jours du temps et les opérations. Enfin, comme dans la création du monde, les semences devaient être jetées des œuvres à venir, de même devaient être préfigurés les temps futurs.

Ainsi, dans ces sept jours, la distinction de tous les temps était en germe ; on l'explique par le déroulement des sept âges [10]. C'est pour cela qu'aux six jours d'opération est ajouté le septième jour de repos. L'Ecriture ne dit pas que ce jour ait eu un soir. Ce n'est pas que ce jour n'ait pas été suivi d'une nuit, mais c'est pour préfigurer le repos des âmes qui n'aura jamais de fin. Si l'on dit, par contre, que toutes les choses ont été faites en même temps [11], on réfère les sept âges à un point de vue angélique. Cependant,

men primus modus dicendi est magis Scripturae
consonans et auctoritatibus Sanctorum, et qui praeces-
serunt et etiam qui secuti sunt beatum Augustinum.

Capitulum 3

De natura corporali
quantum ad esse

1. De natura corporea quantum ad *esse* haec
tenenda sunt : quod corporalis mundi machina tota
consistit in natura *caelesti* et *elementari,* ita quod
caelestis distincta est in tres caelos principales, scilicet
empyreum, crystallinum et firmamentum. — Intra
firmamentum autem, quod est caelum stellatum,
continentur septem orbes septem planetarum, quae
sunt : saturnus, iupiter, mars, sol, venus, mercurius,
luna. — Natura vero *elementaris* in quatuor sphaeras
distinguitur, scilicet ignis, aëris, aquae et terrae : et
sic procedendo a summo caeli cardine usque ad centrum terrae decem occurrunt orbes caelestes et quatuor sphaerae elementares, ex quibus integratur et
constituitur tota machina mundi sensibilis distincte,
perfecte et ordinate.

2. Ratio autem ad intelligentiam praedictorum
haec est : quia, cum natura *corporalis* ad perfectio-

la première manière de parler est plus conforme à l'Ecriture et aux autorités des saints qui ont précédé et suivi le bienheureux Augustin.

Chapitre 3

La nature corporelle dans son être

1. *Enoncé*

La nature corporelle, dans sa totalité, est tout entière dans les cieux et dans les éléments.

De sorte que la nature céleste est divisée en trois ciels principaux, l'empyrée, le cristallin et le firmament.

Dans le firmament, qui est le ciel étoilé, se trouvent les sept orbites des sept planètes : Saturne, Jupiter, Mars, Soleil, Vénus, Mercure et Lune.

Dans la nature élémentale, on distingue les quatre sphères du feu, de l'air, de l'eau et de la terre. Ainsi, en allant du sommet du ciel au centre de la terre, on trouve dix mondes célestes [12] et quatre sphères élémentales, par quoi est constitué dans son intégralité, distinctement, parfaitement et avec ordre, le monde sensible tout entier.

2. *Explication*

La nature corporelle, pour être parfaite et pour exprimer la sagesse multiforme du premier principe,

nem sui et expressionem sapientiae multiformis
primi principii requirat multiformitatem formarum,
sicut apparet in mineralibus, plantis et animalibus,
necesse fuit ponere aliqua corpora *simplicia,* quae
multiformiter *possent misceri* ad introductionem formarum multiformium ; et talis est natura subiecta
contrarietati, et haec est *elementaris.* Necesse etiam
fuit, fieri naturam, per quam haberent haec contraria
in mixto conciliari ; et talis est natura elongata a
contrarietate, cuiusmodi est natura *lucis* et *corporis
supercaelestis.*

3. Et quoniam *mixtio* fieri non potest nisi per
contraria agentia et patientia, ideo necesse fuit, duplicem contrarietatem fieri in elementis scilicet quantum ad qualitates *activas,* quae sunt calidum et frigidum, et quantum ad *passivas,* quae sunt humidum et
siccum. Et quia quodlibet elementum agit et patitur,
ideo habet duas qualitates, unam activam et alteram
passivam, ita tamen, quod unam principalem et propriam : ac per hoc necesse est, tantum quatuor esse
elementa secundum quatuor qualitates praedictas, qua-
drupliciter combinatas.

4. Natura vero *caelestis* aut est *uniformis et
immobilis,* et haec est empyreum, quia *lux pura ;* aut
mobilis et multiformis, et sic *firmamentum ;* aut
mobilis et uniformis, et sic caelum medium inter
empyreum et stellatum, quod est *caelum crystallinum.*
Quartum autem membrum, scilicet quod sit multiforme et immobile, non potest stare, quia multifor-

requiert une multiplicité de formes, comme on le voit chez les minéraux, les plantes et les animaux. Il était donc nécessaire de créer quelques corps simples qui puissent se mélanger de façon multiple pour introduire une multiplicité de formes. Telle est la nature sujette à la combinaison des contraires, la nature élémentale. Il était nécessaire aussi qu'il y ait une nature par laquelle ces contraires puissent être conciliés dans un composé. Cette nature, libre de toute contrariété, est celle de la lumière et du corps supracéleste [13].

3.   Et parce que le mélange ne peut se faire que par des contraires actifs et passifs, il a donc fallu une double contrariété dans les éléments, dans les qualités actives qui sont le chaud et le froid, et dans les qualités passives qui sont l'humide et le sec. Et parce que chaque élément agit et subit, il possède donc deux qualités, l'une active et l'autre passive de façon cependant que l'une soit principale et propre. Ainsi, n'y a-t-il que quatre éléments correspondant aux quatre qualités précédentes, combinées de façon quadruple.

4.   La nature céleste est soit uniforme et immobile, c'est l'empyrée, qui est pure lumière ; soit mobile et multiforme, c'est le firmament ; soit mobile et uniforme, c'est le ciel moyen entre l'empyrée et le ciel étoilé, le ciel cristallin. La quatrième combinaison qui serait multiforme et immobile est impos-

mitas disponit ad motus varietatem, non ad uniformem quietem.

5.   Sunt igitur tres caeli, quorum primum per totum est luminosum, scilicet *empyreum* ; secundum per totum perspicuum, scilicet *crystallinum* ; tertium ex utroque coniunctum, scilicet *firmamentum*. Cum igitur tres sint caeli incorruptibiles et quatuor elementa variabilia, ut fiat debita connexio concordia et correspondentia, disposuit Deus septem orbes planetarum, qui sua varietate motuum et incorruptibilitate formarum quasi quoddam vinculum essent et iunctura inferiorum elementarium orbium et superiorum caelestium ad perficiendum et decorandum universum ; quod secundum numerales proportiones ordinatum dicitur et connexum denario caelestium orbium et quaternario elementorum, reddentibus ipsum proportionaliter tam pulchrum quam perfectum et ordinatum, ut suo modo suum repraesentet principium.

Capitulum 4

De natura corporali quantum ad operari et influere

1.   Quantum vero ad *operari* hoc tenendum est de natura corporea, scilicet quod caelestia influunt in terrestria et elementaria quantum ad *distinctivam*

sible car la multiplicité donne la variété au mouvement et non le repos uniforme.

5. Il y a trois ciels, dont le premier est tout
entier lumineux, l'empyrée ; le deuxième tout entier
clair, le cristallin ; le troisième lumineux et clair,
le firmament. Donc, puisqu'il y a trois ciels incorruptibles et quatre éléments variables, pour que
s'établisse la connexion nécessaire, la concorde et
la correspondance, Dieu a disposé sept orbites de
planètes pour que, par la variété de leurs mouvements
et l'incorruptibilité de leurs formes, elles soient comme un certain lien et un assemblage entre les orbites
des éléments inférieurs et celles des corps célestes
supérieurs pour achever et orner l'univers. Cet univers est ordonné selon des proportions numériques et
se compose des dix orbites célestes et des autres
éléments qui le rendent proportionnellement aussi
beau que parfait et ordonné de façon qu'à sa manière, il représente son principe.

Chapitre 4

La nature corporelle
dans son agir
et dans son influence

1. *Enoncé*

Les corps célestes influent sur les corps terres-
tres et élémentaux dans la désignation distincte des

significationem temporum, scilicet dierum, mensium
et annorum. Sic enim dicit Scriptura [4], quod *sint in
signa et tempora et dies et annos.* — Influunt etiam
quantum ad *effectivan productionem* rerum genera-
bilium et corruptibilium, scilicet mineralium, vege-
tabilium, sensibilium et corporum humanorum. — Sic
tamen sunt in signa temporum et regimen operationum, ut non sint certa signa futurorum contingen-
tium, nec influant super liberum arbitrium per vim
constellationum, quam dixerunt aliqui philosophi
esse *fatum.*

2.   Ratio autem ad intelligentiam praedictorum
haec est : quia, cum in corporibus caelestibus propter
proximitatem ad primum principium sit *lux, motus,
calor* et *virtus* — *lux* ratione suae formae et speciei,
motus respectu superioris influentis, *calor* respectu
inferioris naturae suscipientis, *virtus* vero omnibus
modis praedictis — cum, inquam, ita sit, caelestia corpora per *lumen* et *motum* sunt in *distinc-
tiones temporum,* scilicet *diei,* secundum lucem
solis et motum firmamenti ; *mensis,* secundum motum
lunae in circulo obliquo ; *anni,* secundum motum
solis in eodem circulo ; *temporum* vero, secundum
varium planetarum motum, distantiam et concursum,
ascensum et descensum, retrogradationem et statum,
ex quibus oritur diversitas in temporibus.

3.   Per *virtutem* autem et *calorem* influunt *ad
productionem* eorum quae ex elementis generantur,

temps, jours, mois et années. L'Ecriture dit, en effet, qu'ils servent de signes pour les saisons, les jours et les années [14]. Ils influent encore dans la production effective des choses engendrables et corruptibles, telles que les minéraux, les végétaux, les sensibles et les corps humains.

Cependant, ils ne servent pas de signes aux temps et ne gouvernent pas les opérations au point d'être les signes certains des futurs contingents et d'influer sur le libre-arbitre par la force des constellations, ce que certains philosophes ont appelé le « fatum » [15].

2. *Explication*

Dans les corps célestes, en raison de leur proximité avec le premier principe, il y a lumière, mouvement, chaleur, force : lumière à cause de sa forme et de sa beauté, mouvement en raison de l'influence d'enhaut, chaleur par rapport à la nature inférieure qui la reçoit, force en raison de tout ce qui vient d'être dit.

Ceci étant, les corps célestes servent, par la lumière et le mouvement, à la distinction des temps, à savoir : du jour selon la lumière du soleil et le mouvement du firmament, du mois selon le mouvement de la lune dans son chemin elliptique [16], de l'année selon le mouvement du soleil dans le même chemin, des saisons selon le mouvement des diverses planètes, leur opposition et leur conjonction, leur ascension et leur descente, leur disparition et leur repos, qui donnent naissance à la diversité des saisons.

3. Par leur force et leur chaleur, les corps célestes influent sur la production des choses qui naissent à

excitando, promovendo, conciliando ; ita quod secundum conciliationem contrariorum ab aequalitate re-
motam influunt in *mineralia ;* secundum conciliationem ab aequalitate minus longinquam, in *vege-
tabilia ;* secundum conciliationem aequalitati proxi-
mantem, in *sensibilia ;* secundum vero conciliationem
aequalem, in *corpora humana,* quae disposita sunt
ad nobilissimam formam, quae est anima rationalis ;
ad quam ordinatur et terminatur appetitus omnis
naturae sensibilis et corporalis, ut per eam quae est
forma, ens, vivens, sentiens et *intelligens,* quasi ad
modum circuli intelligibilis reducatur ad suum principium, in quo perficiatur et beatificetur [5].

4. Et quoniam in illud tendit per liberum arbitrium, ideo quantum ad arbitrii libertatem praecellit
omnem virtutem corporalem ; ac per hoc cuncta nata
sunt sibi servire, nihil autem sibi dominari habet nisi
solus Deus, non fatum seu vis positionis siderum.

5. Et propterea indubitanter verum est, quod
sumus finis omnium eorum quae sunt ; et omnia
corporalia facta sunt ad humanum obsequium, ut ex
illis omnibus accendatur homo ad amandum et laudandum Factorem universorum, cuius providentia
cuncta disponuntur. Haec igitur sensibilis corporalium
machina est tanquam quaedam *domus* a summo opifice
homini fabricata, donec ad *domum* veniat *non manu-*

partir des éléments, en les excitant, en les poussant
et en les unissant. Ainsi, selon une conciliation inégale des contraires, ils influent sur les minéraux ;
selon une conciliation moins inégale, ils influent sur
les végétaux ; selon une conciliation presque égale,
ils influent sur les animaux ; selon une conciliation
égale, ils influent sur les corps humains qui sont faits
pour la forme la plus noble, l'âme raisonnable [17], à
laquelle est ordonné et se termine le désir de toute
la nature sensible et corporelle. Par l'âme raisonnable qui est une forme existante, vivante, sensible et
intelligente, toute la nature sensible et corporelle
est ramenée, à la manière d'un cercle intelligible, à
son principe dans lequel elle trouve sa perfection et
sa béatitude [18].

4.   Et parce que l'âme raisonnable tend à cela par
son libre-arbitre, elle dépasse en perfection toute
puissance corporelle en raison de la liberté de son
arbitre. A cause de cela, toutes choses sont faites
pour la servir. Rien ne peut la dominer sinon Dieu
seul et non pas le « fatum », ni quelque force venant
de la position des astres.

5.   Ainsi, il est indubitablement vrai que nous
sommes la fin de toutes choses qui existent [19]. Toutes
les choses corporelles sont faites pour le service de
l'homme, de sorte que par toutes ces choses, l'homme est poussé à aimer et à louer l'auteur des mondes,
dont la providence a disposé toutes choses.

Cet univers sensible des choses corporelles est donc
une maison édifiée pour l'homme par le souverain
artisan jusqu'à ce qu'il rejoigne la demeure qui n'est
pas faite par des mains d'homme et qui est dans

factam in caelis[6] ; ut, sicut *anima* modo ratione corporis et status meriti nunc est in terris, sic aliquando *corpus* ratione animae et status praemii sit in caelis.

Capitulum 5

De modo describendi praedicta in Sacra Scriptura

1. Ex iam dictis colligitur, quod sicut Deus res ordinate *condidit* quantum ad tempus et ordinate *disposuit* quantum ad situm, sic etiam ordinate *gubernat* quantum ad influentiam ; et Scriptura, ordinate *narrat* quantum ad doctrinae sufficientiam, licet non ita explicite describat distinctionem orbium nec caelestium nec elementarium, parum aut nihil dicat de motibus et virtutibus corporum superiorum et de mixtionibus elementorum et elementatorum et quod plus est, nihil explicite narret de conditione supernorum spirituum, maxime cum describit istud universum in *esse* productum.

2. Ratio autem ad intelligentiam praedictorum haec est : quia, cum primum principium reddat se nobis cognoscibile et per *Scripturam* et per *creaturam,*

les cieux. De la sorte, comme l'âme, en raison du corps et de l'état de mérite, se trouve maintenant sur terre, ainsi plus tard, le corps, en raison de l'âme et de l'état de récompense, sera dans les cieux.

Chapitre 5

La manière dont la sainte Ecriture décrit la création

1. *Enoncé*

De tout ce qui a été dit, il faut conclure que, comme Dieu a créé les choses avec ordre dans le temps et les a disposées avec ordre dans l'espace, il les gouverne aussi avec ordre dans leur influence. C'est avec le même ordre que l'Ecriture nous en donne une doctrine suffisante, bien qu'elle ne décrive pas si explicitement la distinction des orbites célestes et élémentales et qu'elle dise peu de choses ou rien des mouvements et des formes des corps supérieurs et des mélanges entre les éléments et les composés. Qui plus est, elle ne raconte rien explicitement de la création des esprits supérieurs parce qu'elle décrit surtout notre univers parvenant à l'être.

2. *Explication*

Le premier principe se fait connaître à nous par l'Ecriture et par la créature. Par le livre de la

per librum *creaturae* se manifestat ut principium
effectivum, per librum *Scripturae* ut principium *reparativum* ; et quia principium *reparativum* non potest
cognosci, nisi cognoscatur et *effectivum* : ideo sacra
Scriptura, licet principaliter agat de operibus *reparationis*, agere nihilominus debet de opere *conditionis*,
in quantum tamen ducit in cognitionem primi principii efficientis et reficientis ; et ideo ipsa est cognitio
sublimis et *salutaris* : *sublimis*, quia de principio *effec-
tivo*, quod est Deus creator ; *salutaris*, quia de principio
reparativo, quod est Christus salvator et mediator.

3.   Rursus, quia *sublimis* est, utpote quia agit de
primo principio et ente summo, ideo non descendit
ad describendas speciales entium naturas, motus, virtutes et differentias ; sed stat in generalitate quadam,
in qua implicantur specialia, describendo scilicet conditionem mundi quantum ad dispositionem et influentiam quoad naturam luminosam, opacam et perviam
in generalitate quadam.

4.   Et quoniam primium principium, de quo agit,
habet in se *ordinem naturae* in exsistendo, ordinem
sapientiae in disponendo, *ordinem bonitatis* in influendo, ita quod *ordo naturae* habet simultatem et aequa-
litatem ; *ordo sapientiae* considerat prioritatem et pos-
terioritatem ; *ordo influentiae* superioritatem et infe-
rioritatem ; ideo ad insinuandum *ordinem naturae*
determinat Scriptura, iuxta quod Deum operari dece-

créature, il se manifeste comme principe effectif ;
par le livre de l'Ecriture, comme principe de réparation. Le principe de réparation ne peut être connu
que s'il est connu aussi comme principe effectif. Donc,
la sainte Ecriture, bien qu'elle traite principalement
des œuvres de réparation, doit néanmoins traiter de
l'œuvre de création en tant que celle-ci conduit à
la connaissance du premier principe créateur et
réparateur. L'Ecriture est donc la connaissance
sublime et salutaire : sublime, parce qu'elle traite du
principe effectif, Dieu créateur ; salutaire, parce
qu'elle traite du principe réparateur, le Christ sau-
veur et médiateur.

3. Et parce que l'Ecriture est sublime, en traitant du premier principe et être souverain, elle ne
s'abaisse pas à décrire les natures spéciales, les mouvements, les forces et les différences des êtres. Mais
elle se tient dans une certaine généralité dans laquelle
est impliqué tout ce qui est spécial, en décrivant la
création du monde quant à la disposition et à l'influence à l'égard de la nature lumineuse, opaque et
limpide.

4. Le premier principe dont traite l'Ecriture possède en soi un ordre de nature en étant principe
d'existence, un ordre de sagesse en étant principe
de disposition, un ordre de bonté en étant principe
d'influence ; de sorte que l'ordre de la nature possède
la simultanéité et l'égalité [20], l'ordre de l'influence,
la supériorité et l'infériorité.

Donc, pour insinuer l'ordre de la nature, l'Ecriture détermine comme il convenait que Dieu opère :

bat : quod *in principio,* ante temporis decursum, fuerit
illa triplex natura de *non-esse* in *esse* producta, cum
dicit [7] : *In principio creavit Deus caelum et terram ;*
et : *Spiritus Dei ferebatur super aquas.* Ubi nomine
caeli insinuatur natura luminosa ; nomine *terrae,*
opaca ; nomine *aquae,* pervia sive perspicua, sive
contrarietati subiecta, sive supra contrarietatem ele-
vata. — Ubi etiam insinuatur Trinitas aeterna, scilicet
Pater in nomine *Dei creantis,* Filius in nomine *principii,* Spiritus Sanctus in nomine *Spiritus Dei.* — Et
sic intelligendum est illud quod dicitur [8] : *Qui vivit
in aeternum creavit omnia simul ;* non quia ea crea-
verit in chaos omnimodae confusionis, secundum quod
finxerunt poëtae, cum produxerit hanc triplicem naturam, *summam* in summo, *mediam* in medio et *infimam*
in infimo ; nec etiam in *esse* omnimodae distinctionis,
cum *caelum* esset perfectum, et *terra incomposita* [9],
natura *media,* quasi medium tenens, nondum esset
ad perfectam distinctionem deducta.

5.   Ad insinuandum autem *ordinem sapientiae* in
disponendo determinat, quod haec triplex natura non
simul fuit *distincta* et *ornata,* sed iuxta triplicis naturae
creatae exigentiam per triduum *distincta* et per triduum aliud *ornata ;* ut sicut Deus in principio triplicem naturam simul creavit in primordio temporis
sic successione temporis in triplici mensura temporis,
scilicet triplicis diei, triplicem faceret distinctionem
naturae triplicis creatae ; et rursus in alio triduo,
triplicem ornatum triplicis naturae distinctae.

au commencement, avant le déroulement du temps, cette triple nature fut produite du non-être à l'être, lorsqu'il est dit : Dans le principe, Dieu créa le ciel et la terre et l'Esprit de Dieu planait sur les eaux. Le mot « ciel » insinue la nature lumineuse, le mot « terre », la nature opaque, le mot « eaux », la nature limpide sujette à la contrariété ou élevée au-dessus. La Trinité éternelle est aussi insinuée, le Père par le mot « Dieu créateur », le Fils par le mot « Principe », l'Esprit-Saint par le mot « Esprit de Dieu »[21]. Ainsi faut-il comprendre ce qui est dit : Celui qui vit éternellement a créé tout ensemble. Non qu'il ait créé dans le chaos d'une confusion absolue, comme l'ont écrit les poètes, puisqu'il a produit cette triple nature, la supérieure au sommet, la médiane au milieu, l'inférieure en bas. Il ne l'a pas créée non plus dans l'être dans une distinction absolue, puisque le ciel était parfait et la terre vague, la nature moyenne comme tenant le milieu, n'ayant pas encore atteint la distinction parfaite.

5.   Pour insinuer l'ordre de la sagesse dans la disposition des choses, l'Ecriture détermine que cette triple nature ne fut pas en même temps distincte et ornée. Mais selon l'exigence de cette triple nature créée, elle fut distincte en trois jours et ornée en trois autres jours. De sorte que, comme Dieu a créé au commencement la nature triple simultanément au début du temps, ainsi avec la succession du temps en une triple mesure temporelle, c'est-à-dire en trois jours, Dieu a fait la triple distinction de la triple nature créée. En trois autres jours, il a fait le triple ornement de la triple nature distincte.

6. Ad insinuandum vero ordinem *bonitatis* i influendo determinat, quod haec triplex natura collc cata est in mundo secundum *sub* et *supra* iuxta suar *dignitatem* et *influentiam*. — Et quia *luminosur* plurimum habet de specie, ideo sibi debetur *circum ferentia;* quia *opacum* minimum habet de specie ideo sibi debetur *centrum;* quia vero *pervia* tene medium, ideo *medium* sortita est *situm*. Et quonian natura *pervii et perspicui* communis est naturae cae lesti et elementari, et rursus *luminosa* utrique conve nit : ideo recte dicitur firmamentum factum *in medic aquarum*[10], non quia aquae supra caelos sint aquae fluxibiles, frigidae, graves et corruptibiles, sed quia subtiles et incorruptibiles, perviae et super omnem contrarietatem sublimatae, ac per hoc caelestis naturae et in caelestibus collocandae ratione *nobilitatis formae*.

7. Collocantur etiam ratione *virtutis* et *influentiae*. Quia enim omnis actio corporalis in rebus inferioribus regulam, originem et vigorem sumit a natura caelesti ; cum duae sint qualitates activae, scilicet *calidum* et *frigidum*, et aliquod sit caelum principaliter influens et *calidum*, utpote caelum *sidereum* ratione luminositatis : congruum fuit, quod aliquod influeret super *frigidum*, et sic *crystallinum*. — Et sicut caelum *sidereum*, licet influat ad calorem, non tamen est formaliter calidum, sic etiam caelum, quod dicitur *aqueum* sive crystallinum, non est essentialiter frigidum. — Unde quod Sancti dicunt, quod aquae sunt ibi constitutae ad reprimendum calorem

6. Pour insinuer l'ordre de la bonté dans l'influence, l'Ecriture détermine que cette triple nature a été placée dans le monde selon sa dignité et son influence. La nature lumineuse ayant la plus grande beauté, il lui revenait d'entourer toutes choses. La nature opaque ayant moins de beauté, il lui revenait d'être au centre. La nature limpide [22] tenant le milieu, il lui revenait d'être au milieu. Et parce que la nature limpide est commune à la nature céleste et à la nature élémentale et qu'en outre la nature lumineuse convient aux deux, il est donc dit justement que le firmament a été créé au milieu des eaux [23], non parce que les eaux qui sont au-dessus des cieux sont liquides, froides, pesantes et corruptibles, mais parce qu'elles sont subtiles et incorruptibles, limpides et élevées au-dessus de toute contrariété et par là de nature céleste et devant se situer parmi les natures célestes en raison de la dignité de leur forme.

7. Ces eaux occupent cette place en raison aussi de leur forme et de leur influence. En effet, toute action corporelle dans les choses inférieures tire sa règle, son origine et sa force de la nature céleste. Puisqu'il y a deux qualités actives, le chaud et le froid [24], et qu'il y a un certain ciel principalement influent et chaud, le ciel sidéral en raison de sa luminosité, il convenait qu'un certain ciel influe sur le froid, c'est le cristallin. Et comme le ciel sidéral, bien qu'il influe pour créer la chaleur, n'est pas formellement chaud, ainsi le ciel qu'on appelle aqueux ou cristallin, n'est pas essentiellement froid.

De là, lorsque les saints [25] disent que les eaux sont placées là pour réprimer la chaleur des corps superiorum corporum et cetera similia, non secundum formalem praedicationem, sed secundum efficientiam et influentiam sunt intelligenda. — Competit ergo conditio creaturae secundum ordinem praedictum ordini creaticis sapientiae et divinae Scripturae, quia est scientia *sublimis*.

8.   Rursus, quia ipsa est scientia *salutaris,* ideo non determinat de opere conditionis nisi propter opus reparationis. Et quoniam Angeli sic conditi sunt, ut labentes nullatenus reparentur, sicut apparebit in sequentibus, ideo tacetur secundum litteram exteriorem Angelorum lapsus et conditio, quia non debebat subsequi reparatio.

9.   Quia vero *sublimitatem* Scripturae non decebat prorsus reticere de conditione sublimissimae creaturae, ideo sic sacra Scriptura describit rerum conditionem, iuxta quod exigit scientia *sublimis* et *salutaris,* ut tamen secundum *spiritualem* intelligentiam tota conditio *litteraliter* descripta *spiritualiter* referatur ad describendam hierarchiam angelicam et ecclesiasticam : ideo secundum *spiritualem* intellectum describitur in illis tribus naturis primo productis hierarchia *angelica* nomine caeli, et *ecclesiastica* nomine *terrae,* et *gratia,* per quam irrigatur utraque, nomine *aquae.*

10.   Rursus, per *septenarium* dierum intelligitur septiformis Ecclesiae status secundum decursum sep-

supérieurs et autres choses semblables, il faut l'entendre non pas formellement, mais selon l'efficience et l'influence.

La production des créatures, selon l'ordre que nous venons de dire, correspond à l'ordre de la sagesse créatrice et de la divine Ecriture, car elle est la science sublime.

8.   En outre, l'Ecriture est la science salutaire. Elle ne traite donc de l'œuvre de création qu'en vue de l'œuvre de réparation. Et parce que les anges ont été ainsi créés qu'ils n'ont pas été rachetés après leur chute, comme on le dira plus loin [26], l'Ecriture, si on la prend à la lettre, se tait donc sur la chute et la création des anges, car leur chute ne devait pas être suivie de réparation.

9.   Parce qu'il ne convenait pas à la sublimité de l'Ecriture qu'elle se taise absolument sur la création de la créature la plus sublime, elle décrit donc la création des choses comme l'exige la science sublime et salutaire, de façon cependant que, selon le sens spirituel de l'Ecriture, toute la création décrite par la lettre se rapporte spirituellement à la hiérarchie angélique et ecclésiastique. Selon le sens spirituel, dans ces trois natures sont décrites la hiérarchie angélique par le mot « ciel », la hiérarchie ecclésiastique par le mot « terre » et la grâce qui irrigue les deux hiérarchies par le mot « eaux ».

10.   En outre, par les sept jours, on entend l'état septiforme de l'Eglise dans le déroulement des sept

tem aetatum. Per eundem etiam septenarium intelligitur septiformis Angelorum conversio a creatura
ad Deum. — Et sic ex praedictis apparet sufficentia
et veritas Scripturae in diversis opinionibus Sanctorum, scilicet Augustini et aliorum, quae sibi non
contradicunt, cum verae sint, si recte intelligantur.

Capitulum 6

De productione
supernorum spirituum

1.   Consequenter vero agendum est de natura spirituali et incorporea, cuiusmodi est angelica, de qua
considerari oportet quantum ad *conditionem super-*
norum spirituum, quantum ad *ruinam daemonum* et
quantum ad *confirmationem bonorum Angelorum.*

2.   Sciendum est igitur, quod Angelis a primordio
suae conditionis quatuor sunt attributa, scilicet *sim-*
plicitas essentiae, personalis discretio, propter rationem insitam *memoria, intelligentia et voluntas,* et
libertas arbitrii ad eligenda bona et respuenda mala.

ges [27]. On entend aussi la conversion septiforme des anges, de la créature à Dieu.

Ainsi, dans tout ce que l'on vient de dire, apparaît la suffisance et la vérité de l'Ecriture dans les diverses opinions des saints, Augustin et autres, opinions qui ne se contredisent pas, puisqu'elles sont vraies si on les comprend bien.

Chapitre 6

La création des esprits supérieurs [28]

1. Il faut traiter maintenant de la nature spirituelle et incorporelle [29], comme l'est la nature angélique au sujet de laquelle il faut considérer la création des esprits supérieurs, la ruine des démons et la confirmation des bons anges.

2. *Enoncé*

Les anges possèdent, dès leur création, quatre qualités :

— La simplicité de l'essence,

— la distinction des personnes,

— le don de la raison avec mémoire, intelligence et volonté,

— et enfin le libre-arbitre pour choisir le bien et rejeter le mal [30].

— Haec autem quatuor attributa principalia alia
quatuor comitantur, scilicet *virtuositas* in operando,
officiositas in ministrando, *perspicacitas* in cognos-
cendo et *immutabilitas* post electionem sive in bono
sive in malo.

3. Ratio autem ad intelligentiam praedictorum
haec est : quia primum principium, hoc ipso quod
primum, omnia de nihilo produxit : ideo non tantum
propre nihil, sed etiam *prope se ;* non tantum subs-
tantiam a se longinquam, scilicet naturam corpoream,
producere debuit, verum etiam propinquam ; et haec
est substantia intellectualis et incorporea, quae, hoc
ipso quod Deo simillima est, *simplicitatem* habet
naturae et *discretionem personalem,* ut Deo assimiletur ex parte substantiae sive *communis* sive *indi-
viduae.* — Habet etiam in mente imaginem Trinitatis
secundum *memoriam, intelligentiam* et *voluntatem ;*
habet etiam *libertatem voluntatis,* ut assimiletur Deo
ex parte potentiae sive *naturalis* sive *electivae,* ut sic
potentia *naturalis* insignita sit Dei imagine, *electiva*
vero arbitrii libertate. Nequaquam enim perveniret
meritorie ad praemium gloriosum, quod facit quem-
que beatum, nisi haberet liberum voluntatis arbitrium : hoc autem esse non potest nisi in substantia
rationali, quam comitatur memoria, intelligentia et

Ces quatre qualités principales sont accompagnées de quatre autres :
— la virtuosité dans l'agir,
— l'empressement dans le service,
— la perspicacité dans le savoir,
— l'immutabilité après le choix soit dans le bien, soit dans le mal.

3. *Explication*

Le premier principe, par le fait qu'il est premier, a produit toutes choses à partir de rien, non seulement ce qui est proche de rien, mais aussi ce qui est proche de lui-même [31], non seulement la substance éloignée de lui comme l'est la substance corporelle, mais aussi celle qui est proche de lui, la substance intellectuelle et incorporelle qui, par le fait qu'elle est la plus semblable à Dieu, possède la simplicité de la nature et la distinction des personnes afin de ressembler à Dieu par la substance commune aussi bien qu'individuelle [32]. Cette substance possède aussi dans l'esprit l'image de la Trinité par la mémoire, l'intelligence et la volonté. Elle possède enfin la liberté de la volonté afin de ressembler à Dieu par la puissance naturelle aussi bien qu'élective, la puissance naturelle étant marquée par l'image de Dieu, la puissance élective par la liberté de l'arbitre.

Cette substance ne pourrait, en effet, en aucune façon, parvenir, de façon méritoire, à la récompense glorieuse qui rend chacun bienheureux, si elle ne possédait le libre-arbitre de la volonté. Or, ceci ne peut être que dans une substance rationnelle accompagnée de mémoire, d'intelligence et de volonté.

voluntas. Ubi autem est ratio, oportet, quod sit « rationalis naturae substantia individua » ; necesse est
etiam, quod sit substantia spiritualis et incorporea, ac
per hoc *simplex,* omni carens dimensione quantitativa.

4.   Talis autem substantia, hoc ipso quod simplex,
est *virtuosa in operando ;* hoc ipso quod virtuosa et
personaliter distincta, competit ei *distinctio officii in
ministrando ;* hoc ipso quod simplex et virtuosa
competit ei *perspicacitas in discernendo ;* hoc ipso,
quod simplex et perspicax, habens *intellectum deiformem,* ideo *stabilitatem* habet post electionem in
electo sive in bono sive in malo. — Et hae conditiones
ipsam generalem conditionem supernorum spirituum
generaliter comitantur.

Capitulum 7

De apostasia daemonum

1.   De *apostasia daemonum* hoc tenendum est,
quod Deus Angelos omnes fecit bonos, medios tamen
inter se, summum bonum, et commutabile bonum,
quod est creatura ; ita quod, si converterentur ad
amandum quod est *supra,* ascenderent ad statum gratiae et gloriae ; si vero ad bonum commutabile, quod
est *infra,* hoc ipso ruerent in malum culpae et poe-
nae, quia non est « dedecus peccati sine decore ius-

Là où est la raison, il faut que soit, selon Boèce, « la substance individuée d'une nature rationnelle » [33]. Il faut aussi qu'il y ait substance spirituelle et incorporelle et, par là, simple, sans aucune dimension quantitative.

4. Une telle substance, par le fait qu'elle est simple, possède la virtuosité dans l'agir. A cause de cette virtuosité et de sa distinction personnelle, lui revient de servir dans une charge distincte. Du fait de sa simplicité et de sa virtuosité, lui revient la perspicacité dans le discernement. Par le fait qu'elle est simple et perspicace, ayant une intelligence à l'image de Dieu [34], elle possède la stabilité après le choix soit dans le bien, soit dans le mal.

Ces conditions sont liées dans leur généralité à la création des esprits supérieurs en général.

Chapitre 7

L'apostasie des démons

1. *Enoncé*

Dieu a fait tous les anges bons se situant cependant entre lui, souverain bien, et le bien relatif qui est celui de la créature : de sorte que s'ils se tournent à aimer ce qui est au-dessus d'eux, ils s'élèvent à l'état de grâce et de gloire. Si, par contre, ils se tournent vers le bien relatif qui est au-dessous d'eux, ils se ruent vers le mal de la faute et de la peine, car il n'y a pas de honte du péché sans la parure de la justice [35].

titiae ». — Primus inter Angelos Lucifer, praesumens
de privato bono, privatam appetiit excellentiam, vo-
lens aliis superferri ; et ideo cecidit cum ceteris
consentientibus sibi. Cadens autem factus est *impoe-*
nitens, obstinatus et *obcaecatus* et *exclusus a Dei*
contemplatione et *deordinatus in operatione,* toto
nitens conamine ad *subvertendum hominen* per ten-
tationem multiplicem.

2. Ratio autem ad intelligentiam praedictorum
haec est : quia, cum primum principium sit summe
bonum, nihil facit, quod non sit bonum, quia a bono
non procedit nisi bonum ; quod tamen fit ab ipso
hoc ipso minus est eo, et ideo non potest esse summum bonum. Fuit igitur Angelus a Deo conditus
bonus quidem, sed non summus, perficiendus tamen,
si affectu tenderet in summum.

3. Et quoniam per liberum arbitrium voluntatis
poterat tendere in bonum summum vel converti ad
bonum privatum, Lucifer, suae pulcritudinis et altitu-
dinis consideratione excitatus ad se diligendum et
suum privatum bonum, *praesumpsit* de altitudine
habita et *ambivit* excellentiam propriam, non tamen
obtentam ; ac per hoc *praesumendo* constituit se sibi
principium, in se ipso gloriando ; et *ambiendo* constituit se sibi summum bonum, in se ipso quiescendo.
Cum autem ipse nec summum esset principium nec
summum bonum, necesse fuit, quod inordinato
ascensu rueret ; pari ratione et omnes in hoc consen-
tientes.

Lucifer, premier entre les anges, présumant d'un bien personnel, a désiré une puissance personnelle en voulant surpasser les autres. Il tombe donc avec tous ceux qui pensaient comme lui. En tombant, il est devenu impénitent, obstiné, aveuglé, exclu de la contemplation de Dieu, désordonné dans l'agir, cherchant de toutes ses forces à faire tomber l'homme par de multiples tentations.

2. *Explication*

Le premier principe étant souverainement bon, ne fait rien qui ne soit bon, parce que du bien ne procède que le bien. Cependant, ce qui est créé par lui, par ce fait, lui est inférieur et donc ne peut être le souverain bien [36]. L'ange fut donc créé bon par Dieu, mais pas souverainement bon. Il pouvait cependant achever sa perfection en tendant par amour vers le souverain bien.

3. Et parce que, par le libre-arbitre de sa volonté, il pouvait tendre vers le souverain bien ou se tourner vers un bien personnel, Lucifer, excité par la considération de sa beauté et de sa grandeur, à s'aimer lui-même et à aimer son bien personnel, présuma de sa grandeur, désira une puissance propre qu'il n'avait pas. Par là, en présumant ainsi, il se constitua à lui-même son principe en se glorifiant lui-même ; et en désirant ainsi, il se constitua à lui-même son souverain bien, en se reposant sur lui-même. Comme il n'était ni le souverain principe, ni le souverain bien, il fallait que par cette ascension désordonnée, il tombât et, pour la même raison, tous ceux qui pensaient comme lui.

4. Et quia « non est dedecus peccati sine decore iustitiae », ideo statim, cum cecidit in peccatum, cum ceteris adhaerentibus sibi perdidit locum summum, scilicet empyreum, descendens ad imum, scilicet caliginosum aërem vel infernum, ita quod lapsus in culpam fuit per liberum arbitrium, lapsus vero in poenam per divinum iudicium. — Et quoniam immutabilitatem habebat post electionem ideo statim *obstinatus* est in malo, et per hoc *excaecatus* a vero et *deordinatus* est in operatione et *infirmatus* in virtute : ideo *voluntas* eius impia et *actio* aversa a Deo conversa est ad hominis *odium* et *invidiam ;* et *perspicacitas* rationis a vero lumine excaecata conversa est ad *deceptiones* per divinationes et cautelas ; et *officiositas* in ministrando a vero ministerio amota conversa est ad tentamenta ; et *virtuositas* imminuta et coarctata, quantum permittitur, convertitur ad mirabilia facienda per transmutationes repentinas, quas facit circa corpoream creaturam. — Et quia haec omnia deordinata sunt per voluntatem depravatam per superbiam, ideo haec omnia convertit ad fomentum suae superbiae, quaerens ab hominibus coli et adorari ad modum Dei. Hinc est, quod « omnia male agit » ; quod tamen iuste Deus modo permittit ad vindictam malefactorum, laudem vero bonorum, sicut apparebit per finale iudicium.

4. Et parce qu'il n'y a pas de honte du péché
sans la parure de la justice, aussitôt donc, en tombant dans le péché et avec lui, ses semblables, il
perdit sa place souveraine, l'empyrée, descendant au
plus bas, dans l'air obscur, dans l'enfer, de sorte que
sa chute dans le péché étant l'œuvre de son libre-
arbitre, sa chute dans la peine fut l'œuvre du jugement divin. Et parce qu'il possédait l'immutabilité
après le choix, il devint immédiatement obstiné dans
le mal, et par là, aveuglé et ne voyant plus le vrai,
désordonné dans son action et affaibli dans sa puissance. Sa volonté impie et son action détournée de
Dieu, se tournèrent vers la haine et l'envie de l'homme. La perspicacité de sa raison, privée de la vraie
lumière, se tourna vers les tromperies par les divi-
nations et les impostures [37]. Son office personnel éloi-
gné du vrai service se tourna vers les tentations. Sa
virtuosité amoindrie et rapetissée s'est tournée, autant
qu'il est permis, vers les merveilles qu'il opère par
des transmutations secrètes sur les créatures corporelles. Or, parce que toutes ces choses sont désor-
données par la volonté que l'orgueil a dépravée, il
les convertit toutes à exciter sa superbe, cherchant à
être révéré et admiré par les hommes à l'instar de
Dieu. De là vient qu'il fait mal toutes choses [38]. Cependant Dieu juste le permet maintenant pour le châtiment des méchants et la gloire des bons, ainsi qu'il
apparaîtra au jugement dernier.

Capitulum 8

De confirmatione bonorum angelorum

1.   De *confirmatione* vero Angelorum hoc tenendum est, quod sicut angeli *a Deo aversi* statim sunt obstinati per impoenitentiam, sic *ad Deum conversi* statim fuerunt *confirmati* per gratiam et gloriam in voluntate, perfecte *illuminati* in ratione secundum cognitionem *matutinam* et *vespertinam,* perfecte *fortificati* in virtute, sive *imperativa* sive *exsecutiva,* et *perfecte ordinati* in operatione, sive *contemplativa* sive *ministrativa ;* et hoc secundum triplicem hierarchiam, scilicet supremam, mediam et infimam. — Ad supremam autem spectant Throni, Cherubim et Seraphim ; ad mediam Dominationes, Virtutes et Potestates ; ad infimam Principatus, Archangeli, Angeli. Ex quibus plurimi sunt *in ministerium missi* et ad custodiam hominum deputati, quibus ministrant purgando, illuminando et perficiendo, secundum imperium voluntatis Dei.

Chapitre 8

La confirmation
des bons anges

1. *Enoncé*

De même que les anges qui se détournèrent de Dieu furent aussitôt obstinés par impénitence, ceux qui se tournèrent vers Dieu furent aussitôt confirmés par la grâce et la gloire dans leur volonté, parfaitement illuminés dans leur raison selon la connaissance matutinale et vespérale, parfaitement fortifiés dans leur force de commandement ou d'exécution et parfaitement ordonnés dans leur action de contemplation ou de service.

Et ceci dans une triple hiérarchie : suprême, médiane et inférieure. A la hiérarchie suprême, appartiennent les Trônes, les Chérubins et les Séraphins. A la hiérarchie médiane, les Dominations, les Vertus et les Puissances. A la hiérarchie inférieure, les Principautés, les Archanges et les Anges. Parmi eux tous, certains ont été envoyés en service [39] et délégués à la garde des hommes qu'ils servent en les purifiant, les illuminant et les parachevant, selon les ordres du vouloir divin.

2. Ratio autem ad intelligentiam praedictorum haec est : quia, cum Angeli propter expressam similitudinem et propinquitatem ad primum et summum principium habeant *intellectum deiformem* et *immutabilitatem* post consensum ex libertate arbitrii : divina superveniente gratia, ad summum bonum conversi, cum totaliter in Deum tenderent, per gloriam fuerunt *confirmati* pariter et *perfecti :* ideo quantum ad *voluntatem* fuerunt *stabiles et felices ;* quantum ad *rationem, perspicaces,* ita ut non tantum cognoscerent res in *proprio genere,* sed etiam in *arte,* ac per hoc non tantum haberent cognitionem *vespertinam,* sed etiam *matutinam,* vel etiam *diurnam,* propter illius lucis plenitudinem et omnimodam puritatem, respectu cuius omnis creatura merito potest dici tenebra. — Quantum autem ad *virtuositatem* perfecte *fortificati* sive in *imperando* sive in *exsequendo,* vel assumpto corpore vel etiam non assumpto. — Quantum vero ad *operationem* perfectissime *ordinati,* ut iam non possint deordinari nec *ascendendo* ad contemplationem Dei nec *descendendo* ad ministrandum homini, quia, cum Deum *facie ad facien* [12] contemplentur, quocumque mittantur, intra Deum currunt.

3. Aguntur enim et agunt secundum ordinem hierarchicum in eis *initiatum* per naturam et *consummatum* per gloriam, quae, stabiliendo liberi arbitrii *vertibilitatem,* illustravit *perspicacitatem,* ordinavit *officiositatem* et roboravit *virtutem,* secundum quatuor attributa superius nominata. — *Perspicacitas* autem rationis in contemplando aut principaliter respi-

2. Explication

Les anges, à cause de leur ressemblance expresse et de leur proximité au premier et souverain principe, possèdent une intelligence déiforme et l'immutabilité après le consentement donné par le libre-arbitre. Recevant la grâce divine, tournés vers le souverain bien, comme ils tendaient totalement vers Dieu, ils furent confirmés par la gloire et également rendus parfaits. Ils furent, dans leur volonté rendus stables et heureux, dans leur raison perspicaces, au point de connaître les choses non seulement en elles-mêmes, mais aussi dans l'art éternel et par là, ils n'acquirent pas seulement la connaissance du soir, mais aussi celle du matin [40] ou peut-être du jour, à cause de la plénitude et de la pureté absolue de cette lumière à l'égard de laquelle toute créature peut être appelée, à juste titre, ténèbre. Dans leur virtuosité, ils ont été parfaitement fortifiés soit dans le commandement, soit dans l'exécution, qu'ils revêtent un corps ou non [41]. Dans leur action, ils ont été parfaitement ordonnés, de sorte qu'ils ne pouvaient plus se désordonner ni en s'élevant à la contemplation de Dieu, ni en s'abaissant au service de l'homme, car en contemplant Dieu face à face [42], où qu'ils soient envoyés, c'est toujours en Dieu qu'ils courent.

3.   Ils sont créés et agissent selon un ordre hiérarchique commencé en eux par la nature et achevé par la gloire qui, en stabilisant l'instabilité du libre-arbitre, a illuminé leur perspicacité, ordonné leur service et renforcé leur virtuosité, selon les quatre qualités mentionnées plus haut [43]. La perspicacité de la raison dans la contemplation se rapporte prin-

cit ad *maiestatem* divinam *venerandam,* aut ad *veri-*
tatem intelligendam, aut ad *bonitatem desiderandam*
et secundum hoc sunt tres ordines in prima hierarchia
scilicet *Throni,* ad quos *reverentia, Cherubim,* ad quo
sapientia, et *Seraphim,* ad quos spectat *benevolentia*
— Ad perfectam autem *virtuositatem* spectat virtu
imperativa, virtus *exsecutiva* et virtus *expeditiva.* Pri
ma ad *Dominationes,* secuna ad *Virtutes,* tertia vero
ad *Potestates* spectat, quarum est arcere, potestate
contrarias. — Ad perfectam *officiositatem* spectat
regere, revelare et *relevare.* Primum est *Principatuum*
secundum *Archangelorum* et tertium *Angelorum*
quia custodiunt, ne stantes cadant, et cadentes adiu-
vant, ut resurgant. — Et sic patet, quod haec omnia
sunt in Angelis secundum plus et minus, gradatim a
superioribus descendendo usque ad ima. Ordo autem
denominari debet ab eo quod « excellentius accepit in
munere ».

Capitulum 9

De productione hominis quantum ad spiritum

1. Post naturam corpoream et incorpoream dicenda sunt aliqua de natura ex utrisque composita,

:ipalement à la vénération de la majesté divine, à
a compréhension de la vérité ou au désir de la
oonté.

Dans la première hiérarchie, se trouvent trois
ordres, les Trônes à qui revient la révérence, les
Chérubins à qui revient la sagesse, les Séraphins à
qui revient la bienveillance.

A la parfaite virtuosité correspond la force de
commandement, la force d'exécution et la force de
combat [44]. La première revient aux Dominations, la
deuxième aux Vertus, la troisième aux Puissances,
dont le rôle est de repousser les puissances contraires.

Au service parfait, revient le gouvernement, la
révélation et le relèvement. Les Principautés gouvernent, les Archanges révèlent, les Anges soutien-
nent parce qu'ils gardent ceux qui sont debout de
peur qu'ils ne tombent et aident ceux qui sont tombés
à ressurgir.

Ainsi, il est évident que tout cela existe dans
les anges plus ou moins, selon une gradation allant
des plus hauts aux plus bas. Chaque ordre angélique doit tirer son nom de la charge plus spéciale
qu'il a reçue [45].

Chapitre 9

La création de l'homme
dans son âme

1.   Après avoir parlé de la nature corporelle et
de la nature incorporelle, il faut dire quelques mots

primo ex parte *mentis,* secundo ex parte *carnis,* tertie
ex parte *totius hominis.* — De *anima* igitur *rational*
haec in summa tenenda sunt secundum sacram doc
trinam, scilicet quod ipsa est forma *ens, vivens, intel*
ligens et *libertate utens.* Forma quidem *ens,* non a
se ipsa nec de divina natura, sed a Deo de nihilo
per creationem in *esse* deducta. — Forma auten
vivens, non ex natura extrinseca, sed se ipsa ; non
vita mortali, sed vita perpetua. — Forma vero *intel*
ligens non tantum creatam, sed etiam « creatricen
essentiam », ad cuius imaginem facta est per memo
riam, intelligentiam et voluntatem. — Forma quoque
libertate utens, quia semper est libera a *coactione*
a *miseria* vero et *culpa* libera fuit in statu inno
centiae, licet non in statu naturae lapsae ; haec
autem libertas a *coactione* nihil aliud est quam facul
tas voluntatis et rationis, quae sunt potentiae animae
principales.

2. Ratio autem ad intelligentiam praedictorum
haec est : quia, cum primum principium sit *beatissi-*
mum et *benevolentissimum,* ideo sua summa benevo
lentia beatitudimen suam communicat creaturae, non
tantum *spirituali* et proximae, sed etiam *corporali* et
longinquae. *Corporali* tamen et longinquae communicat *mediate,* quia « lex divinitatis haec est, ut infi-

de la nature composée des deux précédentes, en traitant d'abord de l'esprit [46], puis de la chair, enfin de tout l'homme.

Enoncé

L'âme raisonnable est une forme existante, vivante, intelligente et jouissant de liberté.

Forme existante, c'est-à-dire, n'existant ni par elle-même, ni de par la nature divine, mais créée dans l'être par Dieu, de rien.

Forme vivante, elle vit non par une nature extrinsèque, mais par elle-même, non d'une vie mortelle mais d'une vie perpétuelle.

Forme intelligente, elle connaît non seulement l'essence créée, mais aussi l'essence créatrice à l'image de laquelle elle a été faite mémoire, intelligence et volonté [47].

Forme douée de liberté, elle est toujours libre de toute contrainte. Dans l'état d'innocence, elle était libre de toute misère et de toute faute, elle ne l'était plus dans l'état de nature déchue. Or, cette liberté de toute contrainte n'est rien d'autre qu'une faculté de la volonté et de la raison, qui sont les puissances principales de l'âme [48].

2. Explication

Le premier principe est souverainement bienheureux et bienveillant. Par sa souveraine bienveillance, il communique à la créature sa béatitude, non seulement à la créature spirituelle proche de lui, mais aussi à la créature corporelle et éloignée de lui. Il la communique cependant à la créature corporelle et éloignée d'une façon médiate, car la loi de la divinité est que

ma per media reducantur ad summa ». Et ideo non
tantum spiritum angelicum et separatum fecit beati-
ficabilem, sed etiam spiritum coniunctum, scilicet
humanum. Est igitur anima rationalis *forma beatificabilis.* Et quia ad beatitudinis praemium pervenire non est gloriosun nisi per *meritum ;* nec mereri
contingit, nisi in eo quod voluntarie et libere fit :
ideo oportuit animae rationali dari *libertatem arbitrii*
per remotionem omnis *coactionis,* quia hoc est de
natura voluntatis, ut nullatenus possit *cogi,* licet per
culpam *misera* efficiatur et serva peccati [13].

3. Rursus, quia forma beatificabilis est capax Dei
per memoriam, intelligentiam et voluntatem, et hoc
est esse ad imaginem Trinitatis propter unitatem in
essentia et trinitatem in potentiis : ideo animam necesse fuit esse *intelligentem* Deum et omnia, ac per
hoc Dei imagine insignitam. — Et quia nihil beatum
potest beatitudinem amittere, nihil poterat esse bea-
tificabile, nisi esset incorruptibile et immortale, necesse fuit animam rationalem immortali vita de sui
natura esse viventem.

4. Postremo, quia omne, quod ab alio beatifi-
cabile est et immortale, est mutabile secundum *bene
esse* et incorruptibile secundum *esse,* ideo anima nec
a se est nec *de divina natura,* quia *mutabilis ;* nec
producta de aliquo nec *per naturam generata,* quia

les choses d'en-bas retournent au sommet par les choses intermédiaires [49]. Dieu n'a donc pas fait capable de bonheur seulement l'esprit angélique et séparé, mais aussi l'esprit conjoint, qui est l'esprit humain.

L'âme raisonnable est donc une forme capable de béatitude. Or, parvenir à la récompense de la béatitude n'est glorieux qu'en raison du mérite et il n'y a mérite que dans ce qui est fait volontairement et librement. Il fallait donc que le libre-arbitre soit donné à l'âme raisonnable par l'éloignement de toute contrainte, car il est de la nature de la volonté de ne pouvoir être contrainte en aucune façon, bien que, par sa faute, elle se rende misérable et esclave du péché [50].

3. En outre, forme apte à la béatitude, elle est capable de Dieu par mémoire, intelligence et volonté ; en cela, elle est à l'image de la Trinité à cause de l'unité dans l'essence et de la trinité dans les puissances. Il fallait donc que l'âme puisse connaître Dieu et toutes choses et, par là, qu'elle soit marquée à l'image de Dieu.

Or, parce qu'aucun bienheureux ne peut perdre la béatitude, rien ne pouvait être capable de béatitude sans être incorruptible et immortel. Il fallait donc que l'âme raisonnable soit vivante, de par sa nature, d'une vie immortelle.

4. Enfin, parce que tout être qui attend d'un autre la béatitude et qui est immortel, est sujet au changement dans son être moral et incorruptible dans son être, l'âme n'est donc pas elle-même, elle n'est pas de la nature divine — puisqu'elle est sujette au changement — ; elle n'est pas non plus produite à partir d'autre chose, ni engendrée par la nature, puis-

est *immortalis* et incorruptibilis ; et ita haec forma non potest per generationem in *esse* introduci, quia omne naturaliter generabile est naturaliter corruptibile. — Ex his apparet qualiter finis beatitudinis necessitatem imponit praedictarum conditionum ipsi animae ad beatitudinem ordinatae.

5. Quoniam autem ut beatificabilis est immortalis, ideo, cum unitur mortali corpori, potest ab eo separari ; ac per hoc non tantum *forma* est, verum etiam *hoc aliquid ;* et ideo non tantum unitur corpori ut *perfectio,* verum etiam ut *motor ;* et sic *perficit* per essentiam, quod *movet* pariter per potentiam. Et quoniam ipsa non tantum dat *esse,* verum etiam *vivere* et *sentire* et *intelligere,* ideo potentiam habet *vegetativam, sensitivam* et *intellectivam,* ita quod per potentiam *vegetativam* generat, nutrit et augmentat : generat ut *quid,* nutrit ut *quale,* augmentat ut *quantum.* — Per *sensitivam* apprehendit sensibilia, retinet apprehensa, componit et dividit retenta : *apprehendit* quidem per sensitivam exteriorem quinquepartitam secundum correspondentiam ad quinque mundi corpora principalia ; *retinet* per memoriam ; *componit* et *dividit* per phantasiam, quae est prima virtus collativa. — Per *intellectivam* autem *discernit* verum, *refugit* malum et *appetit* bonum : verum quidem *discernit* per rationalem, malum *repellit* per irascibilem, bonum *appetit* per concupiscibilem.

6. Rursus, quia *discretio veri* est cognitio, *fuga*

qu'elle est immortelle et incorruptible. Ainsi, cette forme ne peut être introduite dans l'être par génération, car tout ce que la nature engendre est par nature corruptible [51]. De ceci il apparaît combien la fin de la béatitude impose nécessairement les conditions indiquées à l'âme ordonnée à la béatitude.

5.   Parce qu'elle est capable de béatitude, l'âme est immortelle. Donc, lorsqu'elle est unie à un corps mortel, elle peut en être séparée. Par là, elle est non seulement forme, mais aussi substance singulière [52]. Elle n'est donc pas unie au corps seulement comme perfection, mais comme moteur. Ainsi, elle achève par son essence ce qu'elle meut également par sa puissance. Or, parce qu'elle ne donne pas seulement d'être, mais aussi de vivre, de sentir et de comprendre, elle possède donc une puissance végétative, sensitive et intellective. Par la puissance végétative, elle engendre, nourrit et fait croître ; principe de quiddité dans la génération, de qualité dans la nutrition, de quantité dans la croissance [53]. Par la puissance sensitive, elle appréhende les choses sensibles, retient ce qu'elle a appréhendé, compose et divise ce qu'elle a retenu ; elle appréhende par les cinq organes extérieurs des sens qui correspondent aux cinq corps principaux du monde [54], elle retient par la mémoire, compose et divise par l'imagination qui est la première puissance d'association. Par la puissance intellective, elle discerne le vrai, repousse le mal et recherche le bien ; elle discerne le vrai par la raison, repousse le mal par l'irascible, recherche le bien par le concupiscible.

6.   En outre, parce que la connaissance est distinction du vrai, et que l'affectivité est répulsion et

et *appetitus* est affectio, ideo tota anima dividitur in *cognitivam* et *affectivam*.

7.   Amplius, quoniam *cognitio* veri est duplex : vel veri ut *veri*, vel veri ut *boni*, et hoc vel *aeterni*, quod est supra animam, vel *temporalis*, quod est infra ; hinc est, quod potentia cognitiva, utpote intellectus et ratio, dividitur ita, quod *intellectus* in speculativum et practicum, *ratio* in superiorem portionem et inferiorem, quae potius nominant diversa *officia* quam diversas *potentias*.

8.   Postremo, quoniam *appetitus* dupliciter potest ad aliquid ferri, scilicet secundum *naturalem instinctum*, vel secundum *deliberationem* et arbitrium, hinc est, quod potentia *affectiva* dividitur in voluntatem *naturalem* et voluntatem *electivam*, quae proprie *voluntas* dicitur. Et quoniam talis electio indifferens est ad utramque partem, ideo est a *libero arbitrio*. — Et quia haec indifferentia consurgit ex deliberatione praeambula et voluntate adiuncta, hinc est, quod *liberum arbitrium* est facultas rationis et voluntatis ; ita quod, sicut dicit Augustinus, omnes praedictas rationales potentias comprehendit. Ait enim : « Cum de libero arbitrio loquimur, non de parte animae loquimur, sed certe de tota ». Ex concursu enim illarum potentiarum, rationis supra se ipsam **redeuntis** et voluntatis concomitantis, consurgit integritas liber-

attirance, l'âme entière est divisée en connaissance
et affectivité.

7. Allons plus loin. La connaissance du **vrai**
est double : elle est connaissance du vrai comme
vrai ou du vrai comme bien, elle est aussi connaissance du vrai éternel, supérieur à l'âme, ou temporel, inférieur à elle. De là, la puissance de connaissance, en tant qu'intelligence et raison, se divise
ainsi : l'intelligence en intelligence spéculative et
intelligence pratique, la raison en portion supérieure
et portion inférieure. Ce sont là fonctions diverses
plutôt que puissances distinctes [55].

8. Enfin, l'appétit peut se porter vers quelque
chose de deux façons, selon un instinct naturel ou
selon une délibération et un arbitre. Ainsi, la puissance affective se divise en volonté naturelle et en
volonté élective qui est la volonté proprement
dite [56]. Parce qu'une telle élection est indifférente
aux partis qu'elle peut prendre, elle vient donc du
libre-arbitre.

Cette indifférence vient d'une délibération à
laquelle se joint la volonté. Le libre-arbitre est donc
faculté et de la raison et de la volonté, de sorte que,
comme le dit saint Augustin, il comprend toutes les
puissances raisonnables que nous avons mentionnées
plus haut. Saint Augustin dit en effet : « Lorsque
nous parlons du libre-arbitre, nous ne parlons pas
d'une partie de l'âme, mais de l'âme tout entière » [57].

Du concours de ces puissances, la raison faisant
retour sur elle-même et de la volonté l'accompa-
gnant, naît l'intégrité de la liberté qui est principe

tatis, quae est principium meriti, vel demeriti, secundum electionem boni, vel mali.

Capitulum 10

De productione hominis quantum ad corpus

1. De *corpore* vero humano in statu primae conditionis tenenda sunt haec secundum doctrinam fidei orthodoxae, videlicet quod corpus primi hominis sic conditum fuit et *de limo terrae* [14] formatum, ut tamen esset animae *subiectum* et suo modo *proportionabile : proportionabile,* inquam, quantum ad *complexionem* aequalem, quantum ad *organizationem* pulcherrimam et multiformem et quantum ad *rectitudinem staturae ; subiectum autem,* ut esset *obtemperans* sine rebellione, esset etiam *propagans* et propagabile sine libidine, esset *vegetabile* sine defectione, esset etiam *immutabile* ad omnimodam incorruptionem, non interveniente morte ; et secundum hoc datus est sibi locus paradisi terrestris in habitationem tranquillam. — Formata est *mulier* de latere viri in consortium et adiutorium ad propagationem immaculatam ; datum est etiam *lignum vitae* [15] ad vegetationem continuam, et tandem ad immutationem perfectam per immortalitatem perpetuam.

2. Ratio autem ad intelligentiam praedictorum haec est : quia cum primum principium sit in pro-

de mérite et de démérite, selon que l'on choisit le
bien ou le mal.

Chapitre 10

La création de l'homme
dans le corps

1. *Enoncé*

Le corps [58] du premier homme a été créé et formé
du limon de la terre, de telle façon qu'il était soumis à l'âme et, à sa manière, doué de proportion.
Il était doué de proportion dans sa complexion
harmonieuse, dans son organisation belle et multiple et dans la droiture de sa stature. Il était soumis,
obéissant sans se rebeller, engendrant et engendrable
sans sensualité, plein de vie sans défaillance, immuable et absolument incorruptible, car la mort ne
l'atteignait pas. A cause de cela, le paradis terrestre
lui fut donné comme habitation paisible.

La femme a été formée d'une côte de l'homme
pour être sa compagne et l'aider dans la propagation
sans péché.

Il lui fut donné aussi l'arbre de vie [59], dont la végé-
tation était continue et qui le rendait parfaitement
immuable d'une immortalité perpétuelle.

2. *Explication*

Le premier principe est, dans la création, tout-
puissant, souverainement sage et infiniment bon et il

ducendo potentissimum, sapientissimum et optimum,
et in omnibus effectibus suis hoc aliquo modo mani-
festet, potissime debuit hoc manifestare in ultimo
effectu et nobilissimo, cuiusmodi est homo, quem
inter ceteras creaturas produxit ultimo, ut in hoc
potissime appareret et reluceret divinorum operum
consummatio.

3.   Ut igitur in homine manifestaretur Dei *potentia,* ideo fecit eum ex naturis maxime distantibus,
coniunctis in unam personam et naturam, cuiusmodi
sunt corpus et anima, quorum unum est substantia
corporea, alterum vero, scilicet anima, est substantia
spiritualis et incorporea, quae in genere substantiae
maxime distant.

4.   Ut vero ibidem manifestaretur Dei *sapientia,*
fecit tale corpus ut *proportionem* suo modo haberet
ad animam. Quoniam ergo corpus unitur animae ut
perficienti et *moventi* et *ad beatitudinem sursum tendenti,* ideo, ut conformaretur animae *vivificanti,* habuit
complexionem aequalem non a *pondere* vel *mole,*
sed ab *aequalitate naturalis iustitiae,* quae disponit
ad nobilissimum modum vitae. — Ut autem conformaretur *moventi* per multiformitatem potentiarum,
habuit *multiformitatem organorum* cum summa ve-
nustate et artificiositate et ductibilitate, sicut patet in
facie et in manu, quae est « organum organorum ».
— Ut autem conformaretur animae *sursum tendenti
ad caelum,* habuit *rectitudinem staturae* et caput sursum erectum, ut sic corporalis rectitudo mentali rec-
titudini attestaretur.

le manifeste d'une certaine façon dans toutes les créatures. Il devait donc par-dessus tout le manifester dans la dernière et la plus noble des créatures, l'homme, qu'il produisit le dernier de toutes les créatures et en qui devait apparaître et éclater la consommation des œuvres divines.

3. Pour que dans l'homme soit manifestée la puissance de Dieu, il fut créé à partir des natures les plus distantes, en les unissant dans une seule personne et nature. Ce sont le corps et l'âme dont le premier est substance corporelle, l'autre l'âme, substance spirituelle et incorporelle. Ces deux substances sont les plus distantes dans leur genre.

4. Pour que se manifeste la sagesse de Dieu, le corps fut créé proportionné à sa façon à l'âme. Donc, puisque le corps est uni à l'âme comme à ce qui l'achève, le meut et l'élève à la béatitude, pour qu'il soit conformé à l'âme vivifiante, il reçut une complexion harmonieuse non quant au poids ou à la masse, mais dans l'égalité de la justice naturelle qui le dispose au mode de vie le plus noble [60]. Pour qu'il soit conformé à l'âme qui le meut, par la multiplicité des puissances, il reçut une multiplicité d'organes pleins de charmes, d'art et de conductibilité, comme on le voit dans le visage et dans la main qui est l'organe des organes [61]. Pour être conformé à l'âme qui l'élevait vers le ciel, il reçut la station debout et la tête dirigée vers le haut. Ainsi, la rectitude du corps témoignait de la rectitude de l'esprit [62].

5. Postremo, ut in homine manifestaretur De
bonitas et benevolentia, ideo fecit hominem absque
omni macula et culpa et absque omni poena sive
miseria. Cum enim primum principium simul si
optimum et iustissimum, quia *optimum,* non debui
facere hominem nisi bonum, ac per hoc innocen
tem et rectum [16] ; quia *iustissimum,* poenam non
debuit infligere ei qui nullum omnino habeba
peccatum : ac per hoc tale corpus constitui
illi animae rationali, quod ita sibi esset *obtemperans,*
ut nulla esset in eo pugna rebellionis, nulla pronitas
libidinis, nulla imminutio vigoris, nulla corruptio
mortis ; ita etiam esset *animae conforme,* ut, sicut
anima erat innocens, et tamen poterat cadere in culpam, sic corpus esset impassibile, et tamen posset
cadere in poenam ; et ideo « poterat non mori, et
poterat mori » ; poterat habere sufficientiam et poterat habere indigentiam ; poterat animae obtemperare
et poterat etiam adversus eam rebellionem et pugnam
habere.

6. Et propterea in statu illo corpus erat tale, ut
ab eo fieret *decisio seminalis* ad propagationem prolis
per adminiculum sexus muliebris pariter comprin-
cipiantis ; fieret etiam *humoris nutrimentalis con-
sumptio* per actionem caloris ; fieret etiam nihilominus *restauratio* per alimentum lignorum paradisi, res-
taurato per lignum vitae seu praeservato humido radi-
cali ; quod quidem lignum hanc virtutem habuit, ob
quam, ut dicit Augustinus, fuit non solum in cibum,

5. Enfin, pour que soit manifestée dans l'homme la bonté et la bienveillance de Dieu, l'homme fut créé sans aucune tache ni faute et sans aucun châtiment ni misère. Car, comme le premier principe est tout en même temps souverainement bon et juste, parce qu'il est souverainement bon, il ne peut faire l'homme que bon, et, par là, innocent et droit [63] ; parce qu'il est souverainement juste, il ne peut lui infliger de peine, car il n'avait absolument pas péché. Ainsi, il donna ce corps à l'âme raisonnable pour qu'il lui soit soumis et qu'il n'y ait en lui aucune lutte de rébellion, aucune corruption de la mort. Ainsi, le corps était conforme à l'âme de sorte que, comme l'âme était innocente et cependant pouvait tomber dans la faute, le corps était impassible et cependant pouvait tomber dans la peine. Il pouvait donc ne pas mourir et pouvait mourir [64]. Il pouvait posséder la suffisance et tomber dans le besoin. Il pouvait être soumis à l'âme et pouvait aussi entrer en rébellion et en lutte avec elle.

6. C'est pourquoi, dans cet état, le corps était tel qu'il pouvait partager sa semence pour la propagation de la race avec l'être du sexe féminin qui devenait également principe avec lui. Il pouvait aussi consommer sa substance nutritive par l'action de la chaleur ; il pouvait néanmoins se restaurer en mangeant des arbres du paradis, ses humeurs intérieures étant ainsi renouvelées ou maintenues par l'arbre de vie. Cet arbre possédait la vertu d'être, comme le dit Augustin [65], non seulement nourriture mais aussi sacrement.

verum etiam in sacramentum. — Incorruptio igitur
et immortalitas corporis Adae principaliter veniebat
ab *anima* sicut a continente et influente, a *corporis
bona et aequali complexione* sicut a disponente et
suscipiente, a *ligno* autem *vitae* sicut a vegetante et
adminiculante, a *regimine* vero *divinae providentiae*
sicut interius conservante et exterius protegente.

Capitulum 11

De productione hominis quantum ad totum coniunctum

1.　De *toto* autem *homine* in paradiso collocato
haec tenenda sunt, scilicet quod datus est ei duplex
sensus, scilicet interior et exterior, mentis et carnis.
— Datus est et ei duplex *motus,* scilicet imperativus
in voluntate et exsecutivus in corpore. — Datum est
ei duplex *bonum,* unum visibile, alternum invisibile.
— Datum est ei duplex *praeceptum,* scilicet *naturae* et
disciplinae ; praeceptum *naturae : Crescite et multipli-
camini* [17] ; praeceptum *disciplinae : de ligno scientiae
boni et mali ne comedas.* — Iuxta quae datum est
sibi *quadruplex adiutorium,* scilicet scientiae, conscientiae, synderesis et gratiae, ex quibus sufficienter
habuit, ut posset stare in bono et proficere et a malo
cavere et declinare [18].

Donc, l'incorruption et l'immortalité du corps d'Adam provenait : principalement de l'âme comme d'une forme unificatrice et influente ; du corps qui, par sa complexion bonne et harmonieuse, était apte à la recevoir ; de l'arbre de vie qui le vivifiait et le nourrissait ; enfin du gouvernement de la divine providence qui le conservait du dedans et le protégeait du dehors.

Chapitre 11

La création de l'homme corps et âme

1. *Enoncé*

Il a été donné à l'homme :
— un double sens, intérieur et extérieur, de l'esprit et de la chair,
— un double mouvement, impératif dans la volonté et exécutif dans le corps,
— un double bien, visible et invisible,
— un double précepte, de nature et de discipline. Le précepte de nature était : Croissez et multipliez ; le précepte de discipline était : Ne mangez pas de l'arbre de la science du bien et du mal.

Selon quoi, il a été donné à l'homme une aide quadruple, la science, la conscience, la syndérèse et la grâce qu'il possédait en suffisance pour demeurer dans le bien et par là avancer, et pour éviter le mal et éviter d'y tomber [67].

2.   Ratio autem ad intelligentiam praedictorum haec est : quia primum principium fecit mundum istum sensibilem ad declarandum se ipsum, videlicet ad hoc, quod per illum tanquam per speculum et vestigium reduceretur homo in Deum artificem amandum et laudandum. Et secundum hoc duplex est *liber,* unus scilicet scriptus *intus,* qui est aeterna Dei ars et sapientia ; et alius scriptus *foris,* mundus scilicet sensibilis. Cum igitur esset una creatura, quae sensum habebat *intus* ad cognitionem libri *interioris,* ut Angelus ; et alia, quae totum sensum habebat *foris,* ut quodlibet animal brutum ; ad perfectionem universitatis debuit fieri creatura, quae hoc sensu duplici esset praedita ad cognitionem libri scripti *intus et foris,* id est Sapientiae et sui operis. Et quia in Christo simul concurrit aeterna Sapientia et eius opus in una persona, ideo dicitur *liber scriptus intus et foris* [19] ad reparationem mundi.

3.   Et quia cuilibet sensui respondet motus, ideo duplex datus est homini *motus :* unus secundum instinctum, *rationis* in mente, alius secundum instinctum *sensualitatis* in carne. Primi est imperare, secundi est *obtemperare* secundum rectum ordinem ; quando autem fit e converso, tunc rectitudo et regimen animae praecipitatur de statu suo.

4.   Et quia cuilibet motui et sensui respondet appetitus ad aliquod *bonum,* ideo praeparatum est homini duplex *bonum :* « unum visibile, alterum invisibile ;

2. *Explication*

Le premier principe a fait ce mode sensible pour se manifester lui-même, c'est-à-dire que par ce monde, comme par un miroir et un vestige, l'homme doit remonter à Dieu créateur qu'il doit aimer et louer. Selon quoi, il y a deux livres, l'un écrit intérieurement qui est l'art et la sagesse éternelle de Dieu, l'autre écrit au-dehors, le monde sensible. Donc, puisqu'il existait une créature douée de sens interne pour connaître le livre intérieur, c'était l'ange, et qu'il existait une autre créature douée du sens extérieur, c'était chaque animal, la perfection de l'univers demandait qu'il existât une créature douée de ce double sens pour connaître le livre écrit à l'intérieur et au-dehors, c'est-à-dire la sagesse et son œuvre. Et parce que dans le Christ se trouve réunies la sagesse éternelle et son œuvre en une seule personne, il est appelé le livre écrit au-dedans et au-dehors [68] pour le salut du monde.

3.   Parce qu'à chaque sens correspond un mouvement, il a été donné à l'homme un double mouvement : le premier selon l'impulsion de la raison dans l'esprit, le second selon l'impulsion de la sensibilité dans la chair [69]. Il appartient au premier de commander, au second d'exécuter selon la rectitude de l'ordre. Quand le contraire arrive, alors la rectitude et le gouvernement de l'âme sont jetés hors de leur condition.

4.   Parce qu'à chaque mouvement et à chaque sens correspond une tendance vers un certain bien, un double bien a été proposé à l'homme : « le premier

unum temporale, aliud aeternum ; unum carni, alterum spiritui. Ex his bonis Deus unum dedit, alterum promisit, ut unum gratis possideretur, alterum per meritum quaereretur ».

5.   Et quia frustra datur bonum, nisi custodiatur ; frustra promittitur, nisi ad ipsum perveniatur : ideo duplex datum est homini *praeceptum :* unum *naturae* ad custodiendum bonum datum, alterum *disciplinae* ad promerendum bonum promissum, quod nullo modo melius poterat mereri quam per *meram obedientiam. Obedientia* autem *mera* est, quando praeceptum ex se solo obligat, non ex aliqua alia causa ; et tale dicitur *praeceptum disciplinae,* quia per ipsum discitur quanta sit virtus obedientiae, quae suo merito ducit ad caelum, suo vero contrario praecipitat in infernum. Non ergo datum est illud mandatum homini propter indigentiam aliquam quam Deus haberet de humano obsequio, sed ad dandam viam merendi coronam per meram et voluntariam obedientiam.

6.   Et quoniam homo ratione naturae defectivae, ex nihilo formatae nec per gloriam confirmatae poterat cadere, benignissimus Deus *quadruplex* ei contulit *adiutorium :* duplex *naturae* et duplex *gratiae.* Duplicem enim indidit rectitudinem ipsi *naturae :* unam ad recte iudicandum, et haec est *rectitudo conscientiae ;* aliam ad recte volendum, et haec est *synderesis,* cuius est remurmurare contra malum et stimulare ad bonum. — Duplicem etiam superaddidit perfectionem *gratiae ;* unam gratiae *gratis datae,* quae fuit

visible, le second invisible ; le premier temporel, le second éternel ; le premier charnel, le second spirituel. De ces biens, Dieu a donné l'un et promis l'autre, pour que le premier soit possédé gratuitement et le second recherché par le mérite ». [70].

5.   Parce que ce bien est donné en vain s'il n'est pas gardé, et promis en vain si l'on n'y parvient pas, un double précepte a été donné à l'homme : le premier naturel pour garder le bien donné, le second disciplinaire pour gagner le bien promis, qui ne peut être mérité mieux que par la pure obéissance. L'obéissance est pure quand le précepte oblige par lui-même et non pour une autre raison. Un tel précepte est appelé précepte disciplinaire parce qu'il enseigne par lui-même combien est grande la puissance de l'obéissance qui, par son mérite, conduit au ciel, et, par son mépris, précipite en enfer. Ce précepte n'est pas donné à l'homme à cause du besoin qu'aurait Dieu de l'hommage de l'homme, mais pour indiquer le moyen de mériter la couronne par une pure et volontaire obéissance [71].

6.   Parce que l'homme, en raison de sa nature imparfaite, formée à partir de rien et non confirmée par la gloire, pouvait tomber, le Dieu très bienveillant lui a apporté une aide quadruple : aide double de la nature et aide double de la grâce. Dieu a insufflé une double rectitude à cette nature : l'une pour juger droitement, c'est la conscience, l'autre pour vouloir droitement, c'est la syndérèse dont le rôle est d'exciter contre le mal et de stimuler pour le bien. Dieu a surajouté la double perfection de la grâce : celle de la grâce *gratis data* qui était la

scientia illuminans intellectum ad cognoscendum se ipsum, Deum suum et mundum istum, qui factus fuerat propter ipsum ; aliam gratiae *gratum facientis,* quae fuit caritas habilitans affectum ad diligendum Deum super omnia et proximum sicut se ipsum [20]. — Et sic ante lapsum homo perfecta habuit naturalia, supervestita nihilominus divina gratia. Ex quo manifeste colligitur, quod si cecidit, hoc non fuit nisi ex culpa sua, quia obedire contempsit.

Capitulum 12

De completione et ordinatione totius mundi consummati

1.   Ex praedictis autem colligi potest, quod creatura mundi est quasi quidam *liber,* in quo relucet, repraesentatur et legitur Trinitas fabricatrix secundum triplicem gradum expressionis, scilicet per modum *vestigii, imaginis* et *similitudinis :* ita quod ratio *vestigii* reperitur in omnibus creaturis, ratio *imaginis* in solis intellectualibus seu spiritibus rationalibus, ratio *similitudinis* in solis deiformibus ; ex quibus quasi per quosdam scalares gradus intellectus humanus natus est gradatim ascendere in summum principium, quod est Deus.

science illuminant l'intelligence pour se connaître elle-même, connaître son Dieu et ce monde créé pour elle et celle de la grâce *gratum faciens* qui était la charité habilitant l'affectivité à aimer Dieu par-dessus tout et le prochain comme soi-même.

Ainsi, avant la chute, l'homme possédait une nature parfaite, survêtue aussi de la grâce divine. Par là, il résulte manifestement que si l'homme est tombé, ce ne fut que par sa faute, car il a méprisé l'obéissance.

Chapitre 12

L'accomplissement et l'ordonnance du monde achevé [72]

1. *Enoncé*

De tout ce que l'on vient de dire, on peut conclure que la création du monde est semblable à un livre dans lequel éclate, est représentée et est lue la Trinité créatrice selon un triple degré d'expression : par mode de vestige, d'image et de ressemblance. L'idée de vestige se trouve dans toutes les créatures ; l'idée d'image, dans les seules créatures intelligentes ou esprits raisonnables ; l'idée de ressemblance, dans les seules créatures déiformes. Ainsi, comme par les degrés d'une échelle, l'intelligence humaine est capable de s'élever graduellement jusqu'au principe souverain, qui est Dieu [73].

2. Ratio autem ad intelligentiam praedictorum haec est : quia, cum omnes creaturae respectum habeant et dependentiam ad suum Creatorem, tripliciter ad ipsum comparari possunt, scilicet aut sicut ad *principium creativum,* aut sicut ad *obiectum motivum,* aut sicut ad *donum inhabitativum.* Primo modo comparatur ad ipsum omnis eius *effectus, secundo* modo omnis *intellectus,* tertio modo omnis *spiritus iustus et Deo acceptus.* Omnis enim *effectus,* quantumcumque parum habens de *esse,* habet Deum sicut principium. Omnis *intellectus,* quantumcumque parum habens de lumine, natus est per cognitionem et amorem capere Deum. Omnis autem *spiritus iustus et sanctus* habet donum Spiritus sancti sibi infusum.

3. Et quoniam creatura habere non potest Deum sicut *principium,* quin *configuretur* ei secundum unitatem, veritatem et bonitatem ; nec Deum sicut *obiectum,* quin eum *capiat* per memoriam, intelligentiam et voluntatem ; nec Deum sicut *donum infusum,* quin *configuretur* ei per fidem, spem et caritatem, seu triplicem dotem ; et prima conformitas est longinqua, secunda propinqua et tertia proxima : hinc est, quod prima dicitur *vestigium* Trinitatis, secunda *imago* et tertia *similitudo.*

4. Est igitur spiritus rationalis medius inter primam et ultimam, ita quod primam habet inferius, secundam interius, tertiam superius. Et ideo in statu innocentiae, cum imago non erat vitiata sed deiformis effecta per gratiam, sufficiebat *liber creaturae,* in quo

2. *Explication*

Toutes les créatures ont un rapport et une dépendance vis-à-vis de leur Créateur. Elles peuvent lui être comparées d'une triple manière, soit comme au principe de création, soit comme à l'objet qui les meut, soit comme au don qui les habite. De la première manière, tout ce qui est fait lui est comparé, de la seconde manière toute intelligence, de la troisième tout esprit juste et agréable à Dieu.

Tout ce qui est fait, si peu d'être ait-il, a Dieu pour principe. Toute intelligence, si peu de lumière ait-elle, est capable de saisir Dieu par la connaissance et l'amour. Tout esprit juste et saint possède le don du Saint-Esprit infus en lui.

3. La créature ne peut avoir Dieu pour principe sans lui être configurée selon l'unité, la vérité et la bonté. Elle ne peut avoir Dieu pour objet sans le saisir par la mémoire, l'intelligence et la volonté. Elle ne peut posséder Dieu comme don infus sans lui être configurée par la foi, l'espérance et la charité, qui sont le triple don [74]. Or, la première conformité est lointaine, la deuxième proche, la troisième toute proche. On appelle donc la première vestige de la Trinité, la deuxième image, et la troisième ressemblance.

4. L'esprit raisonnable tient donc le milieu entre la première et la dernière ; la première est inférieure, la deuxième intérieure, la troisième supérieure. Donc, dans l'état d'innocence, lorsque l'image n'était pas viciée, mais rendue déiforme par la grâce, le livre de la créature suffisait, dans lequel l'homme pouvait

se ipsum exerceret homo ad contuendum lumen divinae sapientiae ; ut sic sapiens esset, cum universas res videret *in se,* videret *in proprio genere,* videret etiam *in arte,* secundum quod res tripliciter habent *esse,* scilicet in *materia* vel natura propria, in *intelligentia creata* et in *arte aeterna ;* secundum quae tria dicit Scriptura[21] : *Dixit Deus : fiat ; fecit* et *factum est.*

5. Propter quam triplicem visionem triplicem homo accepit oculum, sicut dicit Hugo de sancto Victore, scilicet *carnis, rationis* et *contemplationis :* oculum *carnis,* quo videret mundum et ea quae sunt in mundo ; oculum *rationis,* quo videret animum et ea quae sunt in animo ; oculum *contemplationis,* quo videret Deum et ea quae sunt in Deo ; et sic oculo *carnis* videret homo ea quae sunt extra se, oculo *rationis* ea quae sunt intra se, et oculo *contemplationis* ea quae sunt supra se. Qui quidem oculus *contemplationis* actum suum non habet perfectum nisi per gloriam, quam amittit per culpam, recuperat autem per gratiam et fidem et Scripturarum intelligentiam, quibus mens humana purgatur, illuminatur et perficitur ad caelestia contemplanda ; ad quae lapsus homo pervenire non potest, nisi prius defectus et tenebras proprias recognoscat ; quod non facit, nisi consideret et attendat ruinam humanae naturae.

s'exercer lui-même à saisir la lumière de la sagesse divine. De sorte qu'il était si sage qu'il voyait toutes choses en lui-même, qu'il les voyait en elles-mêmes et qu'il les voyait dans l'art éternel, par le fait que les choses ont un triple être, l'être dans la matière, c'est-à-dire dans leur nature propre, l'être dans l'intelligence créée et l'être dans l'art éternel, ainsi que le dit l'Ecriture, Dieu dit : « Que soit, il fit et ce fut fait » [75].

5. A cause de cette triple vision, l'homme a reçu un triple regard comme le dit Hugues de Saint-Victor [76], un regard de chair, un regard de raison et un regard de contemplation : le regard de chair pour voir le monde et tout ce qui est dans le monde, le regard de raison pour voir l'esprit et tout ce qui est dans l'esprit, le regard de contemplation pour voir Dieu et tout ce qui est en Dieu. Ainsi, par le regard de chair, l'homme voit les choses qui sont hors de lui, par le regard de raison les choses qui sont en lui, par le regard de contemplation les choses qui sont au-dessus de lui. Ce regard de contemplation n'atteint la perfection de son acte que dans la gloire, s'il perd par la faute et récupère par la grâce, la foi [77] et la connaissance des Ecritures. Par elles l'esprit humain est purifié, illuminé et perfectionné pour contempler les choses célestes.

L'homme déchu ne peut y parvenir sans d'abord reconnaître ses défauts et ses propres ténèbres. Il ne peut le faire qu'en considérant et en observant la ruine de la nature humaine.

NOTES DU TEXTE LATIN

1. Sg 11, 21.

2. Gn 1, 1. La citation suivante est de Gn 1, 6 ; la troisième, de Gn 1, 9 ; la quatrième, de Gn 2, 2. Plus loin, Jn 5, 17 : Pater meus usque modo operatur, et ego operor.

3. Si 18, 1 : Qui vivit in aeternum creavit omnia simul.

4. Gn 1, 14 : Dixit autem Deus : Fiant luminaria in firmamento caeli, et dividant diem et noctem, et sint in signa et tempora, et dies et annos.

5. Rm 8, 19 ss.

6. 2 Co 5, 1: Domum non manufactam, aeternam in caelis.

7. Gn. 1, 1-2.

8. 18, 1.

9. Gn 1, 2 Selon les Septante ; la Vulgate dit : Terra... vacua.

10. Gn 1, 6.

11. He 1, 14.

12. 1 Co 13, 12.

13. Jn 8, 34 ; Omnis, qui facit peccatum, servus est peccati.

14. Gn 2, 7.

15. Gn 2, 9.

16. Qo 7, 30 : Solummodo hoc inveni, quod fecerit Deus hominem rectum.

17. Gn 1, 28. La citation suivante est de Gn 2, 17.

18. Ps 36, 27 : Declina a malo et fac bonum.

19. Ez 2, 9 ; cf. Ap 5, 1.

20. Mt 22, 37 ss.

21. Gn 1, 3 ss.

NOTES DU TEXTE FRANÇAIS

1. Cf. E. Gilson, *La Philosophie de Saint Bonaventure*, Paris 1933, 3ᵉ édit., plus particulièrement les chapitres 6 et 11 inclus. S. Belmond, *L'idée de création d'après Saint Bonaventure et Duns Scot. EF*, 1913. L'auteur s'attache uniquement à l'impossibilité de la création éternelle, comme d'ailleurs P. de Mondreganes, *De mundi creatione ad mentem S. Bonaventurae*, dans *CF*, 1 (1931), 3-27 ; idem, *De impossibilitate aeternae creationis mundi ad mentem S. Bonaventurae*, dans *CF*, 5 (1935), 529-570.

2. *II Sent.*, d. 1, p. 1, a. 1-2 (II, 14-30) ; *Hexaem.*, coll. 3, nn. 3-9 (V, 343-345). Au sujet de la triple façon de rapporter la créature au Créateur, cf *I Sent.*, d. 3, p. 1, dub. 3 (I. 78-79) ; *II Sent.*, d. 35, a. 2, q. 1 (II, 828-830) et *Comm. Sg.*, XI, V, 21 (VI, 182-183). Signalons la thèse du R.P. Luc Mathieu, o.f.m., *La Trinité Créatrice d'après Saint Bonaventure*. Thèse pour le doctorat en théologie présentée devant la faculté de théologie de l'Institut Catholique de Paris. (à paraître dans la présente collection, série Etudes).

3. Cf. Aristote, *Metaph.*, II (I minor), t. 5-8, c. 2 (994 a. 1-b. 14).

4. « Les propriétés qui conduisent à la Trinité par voie affirmative sont mises ensemble, puis les autres : « Chaque être est déterminé et s'unifie selon une mesure qui lui est propre et qui l'établit dans un mode singulier d'existence... l'influence de vérité donne à la créature son espèce, par laquelle elle est intelligible et se distingue des autres. A l'espèce correspond le nombre selon lequel chaque chose est

constituée et d'après lequel chaque créature trouve sa pro
portion, et partant sa beauté... l'influence de bonté déterminc
dans la créature une bonté, c'est-à-dire une « *ordinatio ac
bonum* »... elle a, en vertu de sa participation au souverain
bien un ordre que l'on peut appeler une inclination ver
sa fin propre, de même qu'une chose pesante tend de tou
son poids vers le centre de gravité, là seulement où elle peu
trouver son repos, sa stabilité ». Luc Mathieu, op. cit, 207-208
qui cite entre autres passages : *Itin.*, c. 2, n. 10 (V, 302 b)
Boèce, *De Arithm.*, I, C. 2 (PL 63, 1083) ; cette façon d'envi
sager l'univers est empruntée à saint Augustin. Cf. *De naturæ
boni.*, c. 3 (PL 42, 553) ; *De Genes. ad litt.*, IV, c. 5, n. 11
(PL 34, 300) ; IV, c. 6, n. 12 (PL 34, 301) ; *Enarr. in Ps*, enarr
2, n. 10 (PL 36, 222).

Cf. Titus Szábo, *De SS. Trinitate in creaturis refulgente*
Rome, 1955, 112 s.

5. Cf. P. Robert, *Hylémorphisme et devenir chez Sain
Bonaventure*, Montréal, 1936.

6. *II Sent.*, d. 12-13 (II, 292-429) : « In principio, ante omnen
diem ». La création, acte de Dieu, ne « s'inscrit » pas dans
le temps. Cf. au chapitre premier « ex tempore » : les jours
de création ne sont que de distinction et d'ornement.

7. *II Sent.*, d. 7, p. 2, a. 2, q. 1 (II, 196-199) ; d. 15, a. 2, q. 3
et dub. 4 (II, 386-390) ; d. 18, a. 1, q. 2-3 (II, 434-443). La
création est tout à la fois complète et inachevée : complète
car le déroulement des temps n'apportera rien de vraimen
nouveau ; inachevée, car elle ne contient en son principe que
des germes : elle est toujours grosse d'avenir. En créant les
raisons séminales ou causales, Dieu achevait en un certain
sens son œuvre (cf. plus bas note 11). Le temps allait faire
paraître ce qui était donné dès le principe, le monde s'en
fante, il est chargé des causes de toutes les naissances futu
res. Saint Augustin considère les raisons séminales qui pos
sèdent un principe d'activité et de développement — cause
de leur fécondité — comme des nombres. « Les stoïciens
furent les promoteurs de cette théorie ». (Cf. *Itin.*, c. 1, n. 14
édit. Vrin, Paris 1960, introduction, traduction et notes pa
Henry Duméry.), 41, note 2 : « Semblables à des graines ou
à des semences déposées dans la matière, elles sont données
au départ à l'état virtuel ; la vertu de l'agent se borne à les
actualiser. Le droit du créateur est ainsi respecté. L'acti
vité de l'agent l'est aussi ».

8. *II Sent.*, d. 12, a. 2, q. 2 (II, 304-305) ; *II Sent.*, d. 1, p. 1, dub. 2 et 4 (II, 36-38). Il n'y a pas de jour de création, le temps lui-même est créé. L'acte de Dieu, en création, est Dieu lui-même « ex tempore », hors du temps, éternel et donc aussi contemporain de tout le temps. La création est « tota simul », de tout « en même temps » (cf. note 11).

9. Cf. c. 3 et 5.

10. Cf. *Brevil.*, prol., § 3.
Caractère prophétique de la création : le déroulement de l'histoire du salut était déjà nucléairement contenu dans la première création. La création est la première expression de l'histoire du salut, et elle est décrite dans la Bible en terme de salut. Cf. A. Hamman, *La foi chrétienne au Dieu de la création*, NRT, nov. 1964, 1049 ss. Cf. Aug., *De Genesi ad litt.*, IV, c. 9, nn. 16-17 (PL 34, 302 ; CSEL 28, 104) ; *ibid.*, c. 18, n. 31. où nous est indiqué pourquoi le septième jour eut un matin et pas de soir (PL 34, 308 ; CSEL 28, 114 s.).

11. P. Lombard, *II Sent.*, d. 12, c. 2, et d. 15, c. 6 (éd. Quaracchi 1916) pp. 358-359, 376. Cf. *II Sent.*, d. 12, a. 1, q. 2 (II, 295-298). Cf aussi plus haut. c. 5, n. 4 ss.
Les anges connaissent les choses dans leur raison séminale ; pour nous, alors qu'elles ne sont encore que raisons séminales, les choses sont invisibles, seulement possibles et donc inconnues. « Omnia essent simul facta », toutes les énergies qui devaient plus tard déployer leurs effets étaient impliquées dans les éléments. Dieu ne crée plus, mais il ne cesse d'opérer, entretenant toutes choses dans l'être par sa puissance, les régissant par sa sagesse et les amenant par sa bonté à atteindre leur plein développement. Le point de vue angélique ne saurait être le nôtre, à nous qui avons du temps qui déroule la création et des jours qui les uns après les autres nous disent la puissance, la sagesse et la bonté de Dieu, en sa présence créatrice au sein de l'univers.

12. *II Sent.*, d. 2, p. 2, a. 1, q. 1 (II, 39-40) ; d. 14, p. 1, a. 1, q. 1 (II, 335-338) ; d. 14, p. 2, a. 1, q. 3 (II, 362-364). « La structure du monde reproduit celle du « de luce » de Robert Grosseteste qui tient la lumière pour la corporéité même, la première forme qui s'unit à la matière pour former et constituer les corps... à partir d'une première sphère lumi-

neuse. A partir de là, Robert Grosseteste engendre l'univers qui comporte neuf autres sphères lumineuses et quatre sphères qui correspondent aux éléments », écrit P. Vignaux, *Philosophie au moyen âge*, 95. La structure de l'univers physique « avec ses dix sphères et ses quatre éléments rend le monde si beau, si parfait et si ordonné qu'il en devient à sa manière représentatif de son principe », dit à son tour E. Gilson, *La Philosophie de Saint Bonaventure*, 188.

13. *II Sent.*, d. 14, p. 1, a. 1, q. 2 (II, 338-341) ; *ibid.*, d. 17, a. 2, q. 2 (II, 420-423).

Cf. E. Gilson *op. cit.*, ch. 9, 217 s. H. Duméry, dans sa présentation de l'*Itinéraire*, 39, 41 note 1 ; P. Vignaux, *Philosophie du Moyen-Age*, 95. « La lumière est l'information générale commune à tous les corps ». Il ne s'agit ici ni de la lumière du soleil — qui n'est pas encore créé — ni de la lumière divine — c'est évident. « La lumière corporelle n'est pas elle-même un corps, elle est cependant ce qu'il y a de plus analogue à Dieu dans le domaine des corps » (cf. *II Sent.*, d. 13, a. 2, q. 2, fund. 3 qui contient une citation de Denys, *De divin, nomin.*, 4, 1 et 4). Il n'existe pas de corps dont la substance soit intégralement lumière, autrement dit toute créature est forme unie à une matière. La lumière a une nature éminemment active, elle joue le rôle d'une véritable forme par rapport à la matière indifférenciée, c'est elle qui opère la distinction des éléments et leur composition. La lumière est la forme commune de tous les corps, ce qui implique la multiplicité des formes. « La forme, ici, a bien en effet pour fonction principale de conférer une perfection, mais en habilitant la substance qu'elle informe pour les autres, perfection substantielle qu'elle ne peut elle-même lui conférer... elle ne ferme pas la substance à d'autres formes, mais elle l'y dispose et les requiert... elle est surtout intermédiaire d'influence et de perfection ». E. Gilson, *op. cit.*, 224. La théorie de la multiplicité des formes doit être liée à celle des raisons séminales qui « met en jeu des interventions successives de formes toujours plus parfaites, la forme inférieure devant atteindre sa perfection et organiser sa matière jusqu'au moment précis qui permettra l'éclosion de la forme supérieure ». H. Duméry, 41 note 1.

14. *II Sent.*, d. 2, p. 2, a. 2, q. 2 (II, 73-75) ; *II Sent.*, d. 14, p. 2, a. 2, qq. 2-3 (II, 359-365). Le terme d'influence est souvent lié à celui de présence. Cf. *Sc. Chr.*, q. 5, concl. et q. 7 (V, 29-30, 42-43). Le mot « influence » signifie une

« présence active », il est employé aussi bien pour indiquer l'action d'un corps sur un autre — comme c'est le cas ici — spécialement d'ailleurs l'action d'un corps céleste sur les corps inférieurs que pour signifier l'action de Dieu sur l'âme. Il s'applique à l'action de la grâce. Saint Bonaventure l'emploie aussi quand il parle de l'illumination. Cf. *Hexaem.* coll. 21, n. 17 (V, 434 a).

L'influence désigne une action divine, un don créé, mais suppose également une dépendance continuelle et complète de la créature vis-à-vis du créateur. Cf. J.M. Bissen, *L'exemplarisme divin selon saint Bonaventure*, 194 s. ; Luc Mathieu, *La Trinité Créatrice*, 197 s. : « L'influence, c'est le prolongement de la présence, un dynamisme qui émane de l'être et produit un effet extérieur à lui ». E. Gilson, *op. cit.*, 229-230.

15. Aug., *De civitate Dei*, V, cc. 1-2 (PL 41, 141 ss. ; CSEL 40-1, 209 ss.) ; *II Sent.*, d. 14, p. 2, a. 2, q. 3 (II, 361-365) contre le déterminisme astrologique, l'âme douée de libre-arbitre échappe à l'influence des astres, n'étant pas elle-même du même ordre et recevant son influence d'une autre lumière, la lumière divine. Les astres sont, pour elle, les signes du cadre temporel, mais leur position ne joue pas sur la position des événements dans ce cadre.

16. *II Sent.*, d. 14, p. 2, dub. 4 (II, 369-370), sur la conception astronomique de ce temps : « les chemins elliptiques de la lune, du soleil... le mouvement du firmament.. » et autres. La physique céleste est liée à la métaphysique de la lumière. La forme du firmament est circulaire, son mouvement lui vient de Dieu (influence) et aussi d'une faculté naturelle que Dieu lui a départie. Saint Bonaventure ne tranche pas quand il s'agit de savoir si Dieu a préposé des anges au mouvement et à l'ordre des cieux (autorité de la tradition) mais traitant du ministère des anges, il leur confie un ministère spirituel et ne parle pas « de fonction astronomique, anges pilotant les étoiles ». Pour plus de détails sur cette conception de saint Bonaventure, cf. E. Gilson, *op. cit.*, 231 à la fin du chapitre.

17. *II Sent.*, d. 15, a. 1, q. 3 (II, 379-381) ; *ibid.*, d. 17, a. 2, q. 2-3 (II, 420-426).
L'action des astres s'étend sur tous les corps depuis les corps insensibles, les minéraux au plus profond de la terre,

jusqu'au corps de l'homme en passant par les plantes et les animaux... au sommet de la hiérarchie mise en ordre par l'influence, le corps de l'homme et l'univers des créatures par le corps et cet ordre tend d'un désir naturel vers l'âme raisonnable. L'action des astres s'arrête aux corps en leur conférant une disposition qui les influence sans les déterminer... disposition que l'âme assume en informant les corps.

18. *II Sent.*, d. 1, p. 2, a. 1, q. 2, ad 3 (II, 42 b) ; *ibid.*, a. 3, q. 2 (II, 50 b), où Bonaventure démontre que l'âme humaine est l'objet du désir de toute la nature, et aussi *IV Sent.*, d. 48, a. 2, q. 1 (IV, 990), où est démontré que dans l'âme et par elle, la nature atteint à la béatitude. « Car la création en attente... ». Cf. *Brevil.*, p. 2, c. 9 ; p. 7, c. 4.

19. Aristot., *Physic.* II, t. 24, c. 2 (194 a, 34-35) ; *II Sent.*, d. 15, a. 2, q. 1 (II, 382) ; *ibid.*, d. 16, a. 1, q. 1, concl. (II, 394-395).
Dieu et Dieu seul est la cause ultime vers laquelle sont ordonnées toutes choses. Mais il existe une fin secondaire, un médiateur pour ce retour de l'univers à Dieu : c'est l'homme qui en raison de son âme est la créature la plus parfaite. « Tout est à vous » dit saint Paul... « et le mouvement même du ciel étoilé n'existe que pour le service de l'homme en marche » cf. *II Sent.*, d. 2, p. 2, a. 1, q. 1, ad 3-4 (II, 75). Toute la création est en vue de l'homme. Il ne sera créé que dans un univers complètement prêt à le recevoir. Le commentaire de l'œuvre des six jours dans les Sentences s'étend sur une centaine de pages en deux colonnes de l'édition in-quarto de Quaracchi. Nous avons ici un résumé très succinct. Sublime, l'Ecriture traite de Dieu ; salutaire, elle traite de ce qui intéresse l'homme. Cf. Constitution pastorale de Vatican II, *Gaudium et Spes*, n. 12, § 1 : « Tout sur terre doit être ordonné à l'homme comme à son centre et à son sommet ».

20. *I Sent.*, d. 20, a. 2, qq. 1-2 (I, 372-375) et *ibid.*, d. 19, p. 1, q. 4, (I, 347-350). « L'ordre de nature étant principe d'existence » renvoie au Père, à l'Un. L'œuvre du Père est placée hors du temps et saint Bonaventure admet comme saint Augustin, la simultanéité de la création mais « in principio » dans le Verbe. La simultanéité se retrouve dans la création de leur matière pour les choses corporelles, elles seront distinguées en six jours, en leur forme. Et comme

il n'est pas de matière sans forme : la forme première de cette substance est la lumière, l'apparition ensuite de la forme propre nous conduit à la multiplicité des formes (cf. à ce sujet note n. 52).

L'égalité procède de l'unité, ensuite c'est la multiplicité. Du Père à qui est approprié l'Unité procède le Fils à qui est approprié l'égalité. Toutefois les créatures participent à une égalité de proportion. Egalité qui peut s'entendre du rapport des créatures prises dans leur ensemble qui sont excellentes comme créatures, ou encore du rapport de chaque créature par rapport à l'univers qui est aussi excellent. Des remarques semblables peuvent être faites pour la priorité et la postériorité, et pour la supériorité et l'infériorité en allant au-delà de l'image du temps et de l'espace, vers la notion d'influence et de ressemblance.

21.   « Saint Bonaventure ne refuse pas le sens que nous appellerions obvie et qui veut que l'expression « in principio » signifie « in principio temporis ». Mais d'accord en cela avec d'autres penseurs, il veut que dans cet « in principio », on trouve désigné Celui qui s'est nommé le Principium. Cf. *II Sent.*, d. 1, p. 1, dub. 2 (II, 37 a). « Volontiers, il désigne le Verbe par ce nom dans lequel se manifeste non seulement la cause efficiente mais encore la cause exemplaire de Dieu ». J.M. Bissen, *L'exemplarisme divin selon saint Bonaventure*, 149. L'ordre de nature qui fait exister et se situe hors du temps, est attribué au Père et cependant la création est l'œuvre de la Trinité toute entière comme l'indique ce paragraphe. Mais, à travers cette œuvre commune, des signes nous sont donnés qui conduisent plus spécialement à l'une ou l'autre des personnes divines : l'unité au Père, la vérité au Verbe, la bonté à l'Esprit-Saint.

22.   Aristot., *De anima*, II, t. 68, c. 7 (419 a, 8-34) ; *De sensu et sensato*, c. 3 (439 a, 18 b-10). L'ordre de la bonté dans l'influence est insinué avec des images d'espace. L'intensité de l'influence se mesure à la proximité. Les anges sont « proches » de Dieu, mais Dieu n'est pas situé. Le catéchisme dit qu'il est partout, il est aussi vrai qu'Il n'est nulle part.

23.   *II Sent.*, d. 14, p. 1, a. 1, q. 1 (II, 335-338). S'en tenir au texte de la Genèse et admettre qu'il y des eaux au-dessus du firmament ? Saint Bonaventure ne pense pas que

l'on puisse en ce domaine atteindre une véritable certitude, alors il pense que ces eaux ne sont pas des eaux, qu'elles ont des eaux la transparence et la fraîcheur mais qu'elles n'en ont pas la pesanteur.

24. Il faut relire le c. 3 sur l'influence des corps célestes sur les corps inférieurs, l'action des contraires.

25. Cf. entre autres, Basile, *In Hexaem.*, hom. 3, n. 7 (PG 29, 69 b). Le P. Gardeil résume ainsi cette homélie : « Et Dieu dit : « Qu'il y ait un firmament entre les eaux », mais le ciel n'aurait-il pas déjà été créé précédemment ? Serait-ce qu'il y a deux cieux ? Les philosophes le contesteront. Pour nous, poursuit Saint Basile, nous sommes si éloignés de mettre en doute l'existence d'un deuxième ciel que nous sommes en quête d'un troisième ». *L'œuvre des six jours. Somme de saint Thomas*, Revue des Jeunes — Le Cerf, 290. Cf. Aug., *De genes, ad litt.*, 2-5 ; Origène, *Hom. 1 in Gen.*

26. Cf. c. 7 qui traite des anges. « L'Ecriture est sublime », elle est la « science salutaire », et cependant saint Bonaventure à la suite de saint Augustin et des Pères comme de ses grands contemporains, n'a pas évité pour le détail de s'embrouiller dans le maquis des interprétations conformistes. Il a cependant parfaitement dégagé les enseignements dogmatiques et moraux contenus dans cette page de l'Ecriture. Et le mouvement profond de sa pensée théologique va dans le sens de Vatican II. Sa vision cosmologique liée à une conception scientifique a dépassé celle de son temps. Mais à la suite de Vatican II, il faut retrouver la vision de l'homme, image de Dieu, de l'homme au monde. La valeur théologique authentique de l'*Hexameron* de saint Bonaventure est incontestable.

27. Cf. *Brevil.*, prol., § 2, sur la longueur de la Sainte Ecriture.
Aug., *De Genesi ad litt.*, IV, cc. 22-23 (PL 34, 311-318 ; CSEL 28, 121-133). « du septenaire de la création au septenaire de la cité de Dieu »... portée prophétique du geste créateur nettement affirmée ici. *II Sent.*, d. 12, a. 1, q. 2 concl. et rat. 1 a (II, 295-298) ; *ibid.*, d. 13, a. 1, q. 1 (II, 311-313). La raison des six jours est tout à la fois morale et pédagogique : instruire, par elle, l'homme du rapport dans lequel son âme se trouve à l'égard de Dieu.

28. E. Gilson, *La philosophie de saint Bonaventure*, 192-216 ; F. Palhoriès, *Saint Bonaventure*, Paris 1913, ch. 9 : *Les anges et les démons*, 272-293. Lorsque Saint Bonaventure enseigne, le traité des anges n'a pris une forme didactique que depuis peu de temps. Le premier traité en date est celui de son maître Alexandre de Halès. Il se situe dans le commentaire du II⁰ livre des Sentences chez Albert le Grand et saint Bonaventure. Saint Thomas et Duns Scot donneront des vues encore plus systématisées. Les diverses sommes sont d'accord sur le caractère personnel des anges, leur science, leur liberté, mais sans que ces affirmations soient longuement développées (cf. c. précédent n. 9). Elles insistent sur les hiérarchies, dans la ligne de Denys.

29. C'est de la proximité (influence et présence) de l'essence divine que doivent se déduire les principales qualités des anges. Au cours des premiers siècles, la plupart des Pères de l'Eglise partant de ce double principe que Dieu seul est absolument spirituel et que tout ce qui existe est corps de quelque façon en vinrent à admettre que les anges possédaient un corps éthéré, lumineux, céleste. (cf. saint Bernard, P. Lombard). Le IV⁰ Concile de Latran oriente la pensée théologique vers la spiritualité et, à partir de là, peu à peu, l'unanimité se fait. Le IV⁰ concile de Latran n'avait pas l'intention de définir la nature des anges, mais seulement leur création, leur nature est spirituelle et incorporelle.

30. Saint Bonaventure reprend ici Pierre Lombard (*II Sent.*, d. 3, c. 1, Quaracchi, 317) qui suit lui-même Hugues de Saint-Victor, *De Sacramentis*, I, p. 5, c. 8 (PL 176, 250 b).

31. Les créatures les plus parfaites sont les anges. Il doit exister de telles créatures pour que l'Univers s'ordonne selon les exigences d'un plan régulier. Le monde est créé de rien, les corps matériels sont voisins du néant. mais c'est Dieu qui crée et voici les anges proches de lui. cf. Aug., *Confess.*, XII, c. 7, n. 7 (PL 32, 329 ; CSEL, 33, 314). La création des anges proches de Dieu est insinuée par la création du ciel. Sans les anges, l'univers serait acéphale, selon l'expression de Richard de Saint-Victor, *De Trinitate*, IV, 25 (SC 63, 291).

32. *II Sent.*, d. 3, p. 1, a. 1, q. 1 (II, 89-91) ; *ibid.*, a. 2, q. 1-3 (II, 102-110). Comme toutes les créatures, pour saint Bonaventure, les anges sont composés de matière et de forme.

Saint Thomas affirme qu'ils sont composés uniquement d'acte et de puissance. Saint Bonaventure puise ses arguments dans le fait qu'ils sont sujets au mouvement (cf. passage des *Sentences* cité), qu'ils sont actifs et passifs ; leur principe de passivité est représenté par la matière (ibid.). D'autre part, la théorie générale de l'individualisation postule aussi que les anges soient composés de matière et de forme. Chaque ange est une personne distincte, un individu concret et particulier : ni des caractères accidentels, ni la forme ne sauraient expliquer cette individuation. La nature angélique reste cependant simple, elle ne présente aucune composition ou parties quantitatives d'éléments hétérogènes. La matière dont est composée l'ange ou l'âme n'a rien de corporel. Elle exprime une simple potentialité, elle n'est rien, ni ne peut rien être, elle est par définition autre qu'elle-même, elle est l'altérité au cœur de l'être, la distance de soi à soi... elle ne peut être isolément le terme de l'acte créateur, mais elle est concréée avec la forme qu'elle reçoit... au niveau des corps, la matière implique étendue, au niveau des esprits elle exclut la spatialité et ne supporte d'autre transformation que le progrès d'un même être vers la similitude de son modèle, mais elle est, en lui, la dissemblance radicale qui l'empêchera à jamais de l'absorber dans la simplicité divine. Cf. Aug. *De Gen. ad litt.*, I, 2 (PL 34, 247) ; *Confess.*, VIII, 3 (PL 32, 845). L'affirmation d'une telle matière dans la nature des anges ne saurait s'opposer en rien à leur spiritualité ; l'ange est une nature absolument incorporelle, il n'est pas pour lui de localisation dans l'espace et son mouvement est élan d'amour vers Dieu.

33. Nous avons là la définition de la personne, telle qu'elle est indiquée par Boèce, *Liber de persona et duabus naturis*, c. 3 (PL 64, 1343 c.) cf. *I Sent.*, d. 25, a. 1, q. 2 (I, 439-441).

« A l'individualité (individualis discretio) la personnalité ajoute, avec la singularité et l'incommunicabilité, une suréminente dignité et cette noblesse essentielle confère à la nature raisonnable (*III Sent.*, d. 5, a. 2, q. 2, ad 1 — III, 133 b) une place à part, la première, entre toutes les natures créées, à qui manque l'unité et la dignité de la personne. Cf. *III Sent.*, d. 2, a. 1, q. 1 (III, 37-38). Il suit de là que la personne est, elle seule, existe pour soi et ne s'ordonne pas à une forme plus parfaite. *II Sent.*, d. 3, p. 1, a. 2, q. 2 (II, 105-107). Cf. J. Chevalier, *Histoire de la pensée.*, 2. *La pensée chrétienne*, 394 note 1. Le libre-arbitre n'est autre chose que la société de la raison et de la volonté, résultant de leur appartenance à un même sujet, à un même moi.

34. *II Sent.*, d. 1, p. 2, a. 3, q. 2 (II, 50) ; *ibid.*, d. 7, p. 1, a. 1, q. 1, ad. 2 (II, 177). cf. aussi Ps.-Denys, *De divinis nominibus*, c. 7, § 2 (P.G. 3, 868 B ; PL 122, 1153 ; Dyonisiaca I, 388 ss.). Denys attribue aux anges un intellect « déiforme », capable de connaître par espèces innées, et d'une intuition directe, sur la connaissance des anges. cf. infra, c. 8 n. 2.

35. Aug., *De lib. arbit.*, III, c. 15, n. 44 (PL 32 ; CSEL 74, 127), où il est enseigné qu'aucun intervalle de temps ne sépare le péché de la peine, « afin que la splendeur du temps universel ne soit souillée en aucun point et qu'il n'y ait pas l'ignominie du péché sans la punition convenable ». Cf. *ibid.*, II, c. 19, n. 53 (PL 32, 1269 ; CSEL 74, 87), où se trouve une définition du péché qui est en quelque sorte le fait « de se détourner du bien absolu pour se tourner vers des biens relatifs ». Dieu n'a pas créé les anges, mauvais, cf. *II Sent.*, d. 3, p. 2, a. 1 (II, 112-117). Au sujet du péché de Lucifer et des autres anges, *II Sent.*, d. 5, a. 1, et 2 (II, 145-154) ; le lieu où ils tombèrent : *II Sent.*, d. 6, q. 2 (II, 164-166) ; au sujet de leur pouvoir de tenter les hommes : *II Sent.*, d. 8, p. 2 en entier (II, 224-234). Dieu a fait les anges bons, mais non parfaits : *II Sent.*, d. 4, a. 1 q. 1 et 2 (II, 131-134). C'est là ce qui rend possible l'épreuve à laquelle ils ont été soumis. Comme toute la création, l'ange doit s'achever, il y a en lui comme un cri vers Dieu, une attente et sa perfection est de s'orienter, de « tendre par amour vers le souverain bien ».

36. Ps.-Denys, *De div. nom.*, c. 4 § 19 (PL 122, 1138 A ; Dyonisiaca, I, 234). « En effet le feu ne peut refroidir et le bien ne peut produire le mal. Mais le créé, s'il procède de l'Un n'est pas dans l'égalité avec l'Un, mais dans l'inégalité, « inférieur donc, et ne peut être le souverain bien »... et la bonté de la créature est d'être dépendante, sous l'influence.

37. Lucifer voulut être le premier et voir tous les êtres au-dessous de lui. Cf. *II Sent.*, d. 5, a. 1, q. 2 (II, 148 ss). Son péché commence par la présomption et finit par l'orgueil, et fut rendu définitif par l'envie et la haine du bien qu'il ne put obtenir (*ibid.*, a. 1, q. 1, concl. — II, 146 s). Son exemple entraîna dans la même révolte (*ibid.*, a. 2, q. 2, et q. 1 — II, 150-154) une grande partie des esprits célestes. Apparemment les esprits révoltés appartenaient aux différents ordres de la hiérarchie céleste (*II Sent.*, d. 6, a. 1,

q. 2, concl. — II, 163). Leur chute fut spirituelle et eut un retentissement sur leur volonté, leur perspicacité, leur ministère et leur excellence. Mais leur chute fut aussi « locale » « au plus bas, dans l'air obscur, dans l'enfer » : relégués à la partie supérieure de l'air, ils auraient eu la joie de contempler la pure lumière qui rejoint tous les vivants ; placés à la partie inférieure, ils se trouveraient trop rapprochés de nous (influence et espace) et il leur serait trop facile de nous accabler de leur méchanceté. Ils sont donc éloignés du soleil, assez près de nous pour pouvoir nous tenter, mais pas assez rapprochés pour que nous n'ayons aucun moyen de leur résister. Cf. *II Sent.*, d. 6, a. 2, q. 1 (II, 164 s).

38. Cf. Glossa Petri Lomb., *In II Cor.*, 6, 15 (PL 192, 49 **D**) : « il fait mal toutes choses ».

39. Sur la hiérarchie des anges, voir plus bas notes 44-45 ; sur la connaissance des anges, note 40. D'une façon générale, se reporter à E. Gilson, *La Philosophie de Saint Bonaventure*, ch. 8, 192. Ps.-Denys, *De coel. hierarchia*, c. 3, § § 2-3 (PG 3, 166 c - D ; PL 122, 1045 B-C ; Dyonisiaca, II, 792, 794). Cf. *II Sent.*, d. 5, a. 3, qq. 1-2 (II, 154-158). Au sujet de la confirmation des bons anges, on se reportera à *II Sent.*, d. 7, p. 1, a. 2, q. 3 (II, 187-188). Au sujet de leur connaissance, *ibid.*, d. 3, p. 2, a. 2, q. 1-2 et d. 4, a. 3, q. 1-2 (II, 117-124, 138-142). Au sujet de leur hiérarchie, mission et ministère : *ibid.*, d. 9-11 (II, 237-290).

40. Aug., *De civitate Dei*, XI, c. 29 (PL 41, 343 ; CSEL 40-1, 556) ; *De Gen. ad litt.*, IV, cc. 24-25, 29-30 (PL 34, 313 ss ; CSEL 28, 123 ss.). Avec saint Augustin, saint Bonaventure distingue trois genres de connaissances selon la manière dont elles se produisent : a) la connaissance du soir ou connaissance des choses considérées en elles-mêmes (in genere suo) ; b) la connaissance du matin par laquelle on voit les choses dans le Verbe de Dieu (les idées éternelles) ; c) la connaissance du jour (« peut-être ») qui est une intuition immédiate de Dieu lui-même, mystérieuse théophanie par laquelle Dieu communique directement à l'intelligence créée quelque lumière sur un de ses attributs de sa nature infinie, et cette théophanie qui élève l'esprit au-dessus de son état naturel (*II Sent.*, d. 3, p. 2, a. 2, q. 2 — II, 122 ss) peut se produire par voie de symboles ou par une intuition directe « facie ad faciem ». Cf. S. Thomas, I a, q. 58, a. 6 et 7.

41. *II Sent.*, d. 8, p. 1 per totem (II, 209-224). Les anges sont par nature des substances purement spirituelles. Ils apparaissent parfois unis à des corps. Ces corps ne leur appartiennent pas en propre, ce sont des apparences de corps, au juste saint Bonaventure pense, soutenant une opinion moyenne, que ces corps sont composés de différents éléments, d'air en premier lieu et de quelques autres éléments... mais ce ne sont pas là de véritables corps et l'ange n'exerce avec ce corps aucune des fonctions végétatives et sensitives.

42. Grégoire, *In Evang.*, II, hom. 34, n. 13 (PL 76, 1255 A-B) et *Moral.*, II, c. 3, n. 3 (PL 75, 557 A). Les anges étant de nature absolument incorporelle, il suit de là qu'on ne saurait sans contradiction leur attribuer une véritable localisation dans l'espace... leur nature est spirituelle et leur opération n'est qu'élan d'amour vers Dieu. Cf. *II Sent.*, d. 2, p. 2, a. 2. q. 1 (II, 75 ss). Cependant bien des raisons militent pour une certaine localisation, sans doute ils se trouvent en Dieu : limités cependant en puissance et en activité, limités aussi par leur substance qui est finie... c'est ce que saint Bonaventure nous indique ici par ce « ils courent en Dieu ». Il faut donc admettre une certaine localisation et c'est à cette nécessité que répond, dans la pensée de notre auteur, la théorie du ciel empyrée. (cf. à ce sujet c. 7, n. 4). Cf. *II Sent.*, d. 2, p. 2, a. 2, q. 1, concl. (II, 76).

43. Cf. c. 6.

44. *II Sent.*, d. 9, proenotata (II, 237-241) ; *ibid.*, q. 2 (II, 244-245). Chez Saint Thomas elle suit les exigences d'un principe aussi linéaire que possible : la simplicité croissante des espèces intelligibles par lesquelles les anges connaissent. C'est un regard, pour ainsi dire « in se » sur les anges qui commande l'ordre et la distinction.

C'est d'un mouvement inverse que procède la hiérarchie pour saint Bonaventure : son point de départ est encore Dieu et la hiérarchie est un miroir qui reflète la vie de Dieu, un et trine : « les anges se hiérarchisent en ordre selon les états et degrés différents où les situe l'illumination dont Dieu les gratifie... » E. Gilson, *op. cit.*, 213 s. ; cf. H. Duméry, *Itinéraire*, 77, n. 2 et 3 ; T. Szâbo, *De SS. Trinitate*, 167 s.

45. Grégoire, *In Evang.* II, hom. 34, n. 14 (PL 76, 1255 c) P. Lomb., *II Sent.*, d. 9, c. 3 (B 347). Cf. *II Sent.*, d. 9, q. 4 (II, 247-249).

Toute dénomination se fait par ce qu'un être a de plus noble : ardeur de la charité, habitation de Dieu... : il ne saurait y avoir de nom pour les démons, pas plus que d'ordre et de hiérarchie — qui toujours disent l'influence.

46. Cf. C.J. O'Leary, *The substantial Composition of Man according to St. Bonaventure*, Washington, D.C., 1931 ; C. O'Donnel, *The Psychology of St. Bonaventure and St. Thomas Aquinas*, Washington., D.C., 1937 ; I. Brady, *Beatitude and Psychology : a Problem in the Philosophy of St. Bonaventure*, dans FSt, II (1942), 411-425 : idem, *In Seipsa Subsistere*, dans *Progress in Philosophy*, Milwaukee 1955, 141-142 ; E. Szdsuj, *S. Bonaventure et le problème du rapport entre l'âme et le corps, dans FF*, 15 (1932), 283-310 ; J.L. Muller. *Colligantia naturalis. La psycho-physique d'après S. Bonaventure et son école*, dans *L'homme et son destin*, Louvain-Paris, 1960, 495-503 ; M. Schmaus, *Die Unsterblichkeit der Seele und die Auferstehung des Leibes nach Bonaventura, ibid.*, 509-519 ; S. Belmond, *Le libre-arbitre d'après St. Bonaventure*, dans *FF*, 8 (1925), 5-63 ; B. Madariaga, *La « imagen de Dios » en la metafisica del hombre segun S. Buenaventura*, in *Vyv*, 7 (1949), 145-194, 297-335 ; A. Schaefer, *The Position and Function of Man in the created World according to St. Bonaventure*, dans *FSt*, XX (1960), 261-316 ; XXI, 1961, 233-382. E. Gilson, *op. cit.*, L'âme humaine, 254-273 ; les sens et l'imagination, 275 ss ; l'intellect humain, 291 ss. Au sujet de « mens », cf. *II Sent.*, d. 25, p. 1, a. 1, q. 2 et la note importante de E. Gilson, *op cit.*, 307-308.

47. « Essence créatrice », Anselm., *Monolog.*, c. 13 (PL 198, 161 A). Il faut entendre, peut-être, ici, connaissance dans le sens que Claudel indique dans son Art poétique (p. 150) « co-naissance », « la naissance » de l'âme est simultanément prise sur la Trinité créatrice et sur l'essence créatrice.

48. *II Sent.*, d. 17, a. 1, q. 1, (II, 410-413) et d. 18, a. 1, q. 3 (II, 439-443) où il est montré que l'âme n'existe pas par elle-même, qu'être n'est pas de nature divine, mais qu'elle est créée de rien. *II Sent.*, d. 19, a. 1, q. 1 (II, 457-461) qui traite de l'immortalité de l'âme ; d. 16 en entier (II, 393-408) et *I Sent.*, d. 3, p. 2, a. 1, q. 1 (I, 80-82) qui traitent de l'âme créée à l'image de Dieu ; *II Sent.*, d. 25 en entier (II, 591-626) qui traite de la liberté, faculté de la raison et de la volonté. Il ne faut pas entendre « mémoire » ici dans le sens que la psychologie donne actuellement à ce mot ou

alors n'en garder que l'aspect « puissance de dominer le temps », sans toutefois s'y arrêter. Il faut partir de Dieu, encore une fois : image en l'âme de la Trinité, la mémoire renvoie au Père, et c'est la révélation du Père qui doit nous dire ce qu'est la mémoire en l'âme. Le Père c'est l'Un, la source, l'Eternel : la mémoire est ce qui nous situe au-dessus du temps, qui en « Je » recueille tout ce que le temps disperse en « moi » successifs... Cette vision des choses vient de saint Augustin, cf. J. Guitton, *Le temps et l'éternité chez Plotin et saint Augustin*, Paris 1933, 200. Cf. *Itin.*, c. 4, § 1 : « mille préoccupations distraient leur âme qui n'entre plus en elle-même par la mémoire... » d'où, on peut dire que la mémoire c'est l'âme qui entre en elle-même, le don de soi à soi, le consentement à l'être. Cf. H. Ey, *Etudes psychiatriques*, II, 62.

49. Selon Denys, *De coel. hier.*, c. 4, § 3 (P.G. 3, 182 A ; PL 122, 1047 D ; Dyonisiaca, 812) ; *De eccl. hier.*, c. 5 § 4 (PG. 3, 503 c ; PL 122, 1096 c ; Dyonisiaca 1330). A noter le point de départ original de saint Bonaventure étudiant la psychologie : étonnant pour des esprits contemporains parce qu'inhabituel, unique, et original, parce qu'il va à « l'origine » et à « la fin », par Dieu, pour la béatitude qui est Dieu dans l'âme.

Place de l'âme dans l'ordre de la création, sur le chemin de l'influence et du retour qui indique son rôle dans « l'économie » : procurer le bien des êtres inférieurs. Le salut qui chemine par l'âme vers le corps, ce corps qui résume en lui toute la nature corporelle et qui par lui et son âme l'ouvre à la nature spirituelle et à la béatitude.

50. P. Lombard, *II Sent.*, d. 25, c. 8 (p. 432) E. Gilson., *op. cit.*, ch. 13, 325 ss : « égaux de Dieu en ce qui concerne l'élément négatif de la liberté qui est l'immunité de la contrainte extérieure, ... cette immunité est essentielle à la liberté. »

51. Aristote, *De coelo et mundo*, I, t. 126, c. 12 : « la génération en effet et la corruption se suivent... »

52. Cf. note 32. Aristot., *Categoriae*, c. 5 (3 b 10-12) pour ce qui est de « la première ou singulière substance ». Pour ce qui vient ensuite, cf. Aristot. *De anima*, II, t. 24, c. 2 (414 a 12-13) qui écrit : « L'âme c'est ce par quoi nous vivons, nous sentons, nous nous mouvons et nous comprenons ». Cf. *II*

Sent., d. 15, a. 1, q. 1 (II, 372-376) et d. 17, a. 1, q. 2 (II, 413-414) : « L'âme est non seulement forme, mais substance singulière... » pour expliquer « le temps de séparation » de la mort à la résurrection, saint Bonaventure fait de l'âme forme du corps, une substance singulière. Toute créature est composée de matière et de forme. Mais ici matière n'est pas synonyme de matériel, de corporel, matière veut simplement dire possibilité d'être, elle est uniquement le principe, le fondement de la substantialité, elle n'est ni matérielle, ni spirituelle ; elle est unie à une forme spirituelle, cette « matière » est élevée au-dessus des conditions de l'étendue de la quantité, et il y a loin de cette matière qui est unie à une forme corporelle. (*II Sent.*, d. 17). La noblesse de la matière vient de son ordination à la forme. Cf. *III Sent.*, d. 12, a. 1, q. 1, concl., ad 2 (III, 262-263). Les âmes comportent donc une matière indépendamment de leur union à un corps qui, lui également, comporte d'autres formes successives. Un être actif est nécessairement un être « per se », et aucune substance « par elle-même » existante n'est une pure forme, si ce n'est Dieu seul... donc. Saint Bonaventure placera l'individuation dans l'union même de la matière et de la forme. L'âme garde sa simplicité et son immortalité n'est en rien compromise, elle reste « spirituelle » ; la simplicité consiste à subsister par soi, à titre d' « être complet » et « indépendant » et, comme la matière a été définie le fondement de la possibilité des substances, on voit que la « présence » de la matière dans une substance ne nuit en rien à la simplicité, ni à la spiritualité. Cf. *II Sent.*, d. 1, p. 2, a. 1, q. 2, ad 3 (II, 42). Saint Bonaventure présente un argument de la création « ex nihilo » des âmes : Dieu seul est capable pour les substances spirituelles d'unir leur forme et leur matière, aucune forme naturelle (astres, corps célestes...) n'y saurait suffire. *II Sent.*, d. 15, a. 2, q. 3, concl., ad 5, 6 (II, 386 s).

53. Aristot., *De Genes. et corrupt.*, I, t. 39 ss, c. 5 (320 a 8 ss.) et *De anima* II, t. 47-49, c. 4 (416 b 10-26). L'âme comme forme du corps assume ce qui chez d'autres vivants est le fait d'autres formes, de formes inférieures et l'âme est appelée puissance sensitive, végétative, intellective — pour toute la connaissance qui utilise le corps et ses sens.

54. Jean de la Rochelle, *Summa de anima*, II. XIX, (ed. Domenichelli, 252-255) et *Summa Halesiana*, II 1, n. 356 (II, 365). Cf. E. Gilson, *La philosophie...*, 281-282, qui cite : *Itin.* II, 3. Cf. Aug., *De Genes ad litt.*, III, 5, 7 ; XII, 16, 32. Cf *IV*

Sent., d. 49, p. 2, a. 1, q. 3 (IV, 1018) : cette « mémoire qui retient » est ici un autre aspect de la mémoire, une puissance d'ordre inférieur : c'est le sens psychologique moderne. Sur l'imagination, cf. *II Sent.*, d. 24, p. 1, a. 2, q. 4 (II, 563 s) et E. Gilson. *La philosophie...*, 290.

55. *II Sent.*, d. 24, p. 1, a. 2, qq. 1-2 (II, 558-564). C'est là une distinction d'origine augustinienne qui est très familière à saint Bonaventure et qui revient très souvent sous sa plume. Il dit ailleurs : ce sont là deux manières d'être ou encore deux opérations de la même puissance, deux formes, deux fonctions. « L'intelligence spéculative est, par extension, pratique quand elle est liée à la volonté et à l'action ».

56. *II Sent.*, d. 24, p. 1, a. 2, q. 3 (II, 565-567). La volonté naturelle mue par « un instinct naturel » nous dirions plutôt, à l'heure actuelle, mue par une tendance, ou mieux un désir et qui se réalise sans réflexion, sans l'arrêt imposé par la raison, le temps de l'arrêt imposé par la raison, le temps de l'arrêt étant le temps de la réflexion ; le désir se réfléchissant pour se justifier, se faire juger — l'arbitre, au-dessus après un temps de délibération.

57. Aug., *Hypognosticon*, III, c. 5, n. 7 qui porte au lieu de « loquimur », « agimus » (PL 45, 1624). Cf. *II Sent.*, d. 25, p. 1, q. 3 (II, 597-600) qui cite : « le libre-arbitre est la faculté de la raison et de la volonté ». Aug., *De corrept. et grat.*, c. 11, n. 32 (PL 44, 935).

58. G.R. Doran, *De corporis Adami origine, doctrina Alex. Hal., S. Alberti Magni, S. Bonaventurae et S. Thomae*, Mundelein III, 1936 ; E.T. Healy, *Woman according to St. Bonaventure*. St. Bonav., N.Y. 1955. E. Gilson. *La philosophie de saint Bonaventure*, ch. 10 « Les animaux et les raisons séminales », 236-253. J.L. Muller. *Colligantia naturalis*, dans *L'Homme et son destin*, 495-503. Relire c. 3, n. 3 et c. 4, n. 3 du *Brevil*.

59. *II Sent.*, d. 17, a. 2, qq. 1-3 (II, 419-426), qui traite de la formation du corps de l'homme et de sa proportionnalité. Cf. *ibid.*, d. 18, a. 1, q. 1 (II, 431-434) où est traité de la production du corps de la femme ; *ibid.*, d. 19, a. 2, q. 1 (II, 464-468) où il est question de l'immortalité du corps ; et enfin *ibid.*, d. 20 en entier (II, 477-489) sur la propagation de l'espèce.

60. *II Sent.*, d. 17, a. 2, q. 3 (II, 424-426). Le corps, au jour de création, est « proportionné » à sa façon à l'âme, il a une complexité harmonieuse, il a cette égalité naturelle qui en fait un vrai corps. Mais cette égalité de justice naturelle est à égale distance en quelque sorte de cette égalité qu'il aura un jour dans la gloire et de cette égalité qu'il connaît maintenant dans la misère. C'est de la proportion à l'âme que se tire aussi l'égalité. Comme l'âme était immunisée contre la mort de la faute, le corps l'était contre la mort de nature, immunisée à certaines conditions, mais pas plus l'un que l'autre.

61. A propos du corps, saint Bonaventure fait mention ici tout spécialement du visage et de la main de l'homme qui sont le plus hautement significatifs. On ne les cache pas, ils révèlent l'homme. La main et l'intelligence (cf. Bergson) ce sont là des vues très modernes. Cependant, l'expression « organe des organes » à propos de la main est d'Aristote. *De anima*, III, t. 38, c. 8 (432 a 1-2), organe du toucher. Le toucher, sens premier et unique du vivant ; la vue, toucher à distance.

62. P. Lombard, *II Sent.*, d. 16, c. 4 (p. 382). Cf. Bède, *Hexaemeron* (PL 91, 29 D) ; Ovid., *Metamorph.* I, 84 ss.

63. *Prooemium in II Sent.* (II, 3-6). Cf. Aug. *De lib. arb.* III, c. 18, n. 51 (PL 32, 1296 ; CSEL 74, 132).

64. P. Lombard, *II Sent.*, d. 19, c. 2 (n. 394), cette expression vient de *Summa Sent.*, tr. 3, c. 4 (PL 176, 94 D).

65. Aug., *De Gen. ad litt.*, VIII, c. 4, n. 8 (PL 34, 375 ; CSEL 28, 236). « La nourriture pour eux était dans tous les autres arbres, dans celui-là était le sacrement ». Cf. *II Sent.*, d. 19, a. 2, q. 2 (II, 446-468) : l'aliment fourni par cet arbre tout en étant un aliment corporel avait néanmoins la propriété de procurer à la santé de l'homme une stabilité que ne donne point un autre aliment. Dieu avait accordé à l'homme, par un aliment que fournissait un arbre et à cause d'une signification plus élevée, liée à cet aliment, le privilège de voir son corps échapper aux altérations de l'âge, de la maladie et même de la mort. « Cet arbre de vie avait pouvoir d'amener à la parfaite immortalité non parce que, par sa vertu propre, il pouvait rendre le corps de

l'homme incorruptible ce qui n'appartient qu'à la seule puissance divine, mais en raison d'une vertu que Dieu lui avait attribuée et cette vertu divine était présente à ce bois comme en un sacrement qui ferait l'homme immortel... ». Cf. Aug., *De Gen. ad litt.*, VIII, c. 4 (PL 34, 375). Le corps à qui l'âme est unie et qu'elle anime n'est pas la matière première, mais un corps composé, organisé, ayant différentes virtualités. *Cf. II Sent.*, d. 15, a. 1, q. 2 (II, 377-378) qui le rendent aptes à exercer les fonctions vitales, et il est constitué corps par une forme, imparfaite il est vrai, mais substantielle, la lumière. Cf. *II Sent.*, d. 13, a. 2, q. 2, concl., ad. 5 (II, 320-321). Le corps composé de matière et de forme, organisé par plusieurs formes réelles, sera rendu parfait enfin par l'âme spirituelle. Le corps assumé par l'ange ne l'est que pour accomplir son ministère, c'est un semblant de corps. L'âme s'unira au corps pour « s'accomplir » elle-même. C'est l'objet du chapitre suivant.

66. Cf. J. Bittremieux, *De instanti collationis Adamo iustitiae originali originalis et gratiae, doctrina S. Bonaventurae,* dans ETL, I (1924), 168-175 ; E. Catazzo, *De justitia et peccato orig. iuxta S. Bonav.,* Vicenza, 1942 ; J. Kaup, *Der Begriff der « iustitia originalis » in der älteren Franziskanerschule,* dans FS, 29 (1942), 44-45 ; B. Marthaler, *Original justice acc. to St. Bonav.,* dans *Franc. Educat. Conf.,* 38 (1957), 166-175 ; G. Sala, *Il concetto di sinderesi in S. Bonaventura,* dans SF, 54 (1957), 3-11 ; O. Lottin, *Psych. et Morale,* II, Gembloux 1948, 203-210.

L'âme humaine est composée comme le corps, de forme et de matière. Elle forme avec le corps un tout naturel, une nature. Cette union qui est l'accomplissement d'une inclination ou d'une appétence naturelle est appelée en divers lieux par saint Bonaventure « unio naturalis, conjunctio naturalis » et aussi « colligantia naturalis ». Cf. *II Sent.*, d. 31, a. 2, q. 1, concl. (II, 748-749) et *IV Sent.*, d. 43, a. 1, q. 1 et 5 (IV, 883 s, 891 ss). Saint Bonaventure note au moins trois cas d'une action du corps sur l'âme, psychophysiologie encore timide mais étonnante pour l'époque. L'âme humaine est « nata fini deo » (cf. c. 9). Avant l'union elle est parfaite — forme substantielle — en puissance. Mais on peut dire qu'elle est aussi forme, « entéléchie » du corps. *II Sent.*, d. 1, p. 1, a. 3, q. 2 (II, 33-35), elle désire, en quelque sorte le corps, éprouve par sa nature même un besoin intrinsèque du corps, elle est « comme » ordonnée au corps, comme une perfection que le corps travaillé par des formes successives attend lui aussi. Et l'âme saisit un corps « vi-

vant » pour ainsi dire par le dedans, l'imprègne, l'anime
et ne fait plus qu'un avec lui. Le mouvement de l'âme vers
le corps s'inscrit dans le sens de la grâce, dans le sens
du geste créateur. Il y a plus d'amour que de besoin, plus
d'oblatif que de captatif. Le corps n'est pas un fardeau
pour l'homme, l'âme ne souffre pas du poids du corps,
l'âme en a besoin pour « réaliser toute sa perfection naturelle, et de substance elle devient « personne » dans cette
union. L'âme aime le corps, et c'est là le secret de l'unité,
avec la volonté de Dieu. *II Sent.*, d. 28, a. 1, q. 4, ad. 1 et 3
(III, 629).

67. Au sujet du double bien cf. P. Lombard, Liber *II
Sent.*, d. 20, c. 6, (II, 403) ; *II Sent.*, d. 20, dub. 7 (II, 489) ;
au sujet de la connaissance de nos premiers parents : *II
Sent.*, d. 23, a. 2, qq. 1-3 (II, 537-547) pour la conscience et
la syndérèse, cf. *II Sent.*, d. 39 en entier (II, 888-917) et pour
la grâce *II Sent.*, d. 26-29 (II, 629-709). Les termes de science,
conscience, syndérèse et grâce figurent au lexique bonaven-
turien. Disons simplement que la syndérèse est un don
naturel fait à la volonté qui le dirige et l'incline vers le
bien à la manière de quelque « poids spirituel », elle se
situe dans la partie la plus haute de l'âme.

68. Hugues de Saint-Victor, *De sacram.*, I, p. 6, c. 5 (PL
176, 266) Cf. aussi *Itin.*, c. 1, n. 14 et c. 6, n. 7 (V, 299 et
312).

69. *II Sent.*, d. 24, p. 2, dub. 3 (II, 587-588) et d. 25, p. 1,
q. 6 (II, 604-606).

70. Hugues de Saint-Victor, *De Sacram.*, I, p. 6, c. 6 (PL 176,
268 B.C.) ; P. Lombard., *II Sent.*, d. 20, c. 6 (p. 403) ;
Aug., *De Sacram.* 1 I, p. 2, c. 6. Le bien donné, c'est la vie
terrestre ; le bien promis, c'est la vie éternelle.

71. Hugues de Saint-Victor, *De Sacram.*, I, p. 6, c. 7 (PL
176, 276 B.D.) ; au sujet du précepte disciplinaire pour éprou-
ver l'obéissance de l'homme cf. *II Sent.*, d. 17, dub. 5 (II,
428-429) et Aug., *De Genesi ad litt.*, VIII, c. 6, n. 12 (PL 34,
377 ; CSEL 28, 239 s.). Saint Anselme insistait déjà sur la
pleine indépendance de la liberté et lui donnait comme idéal
un total désintéressement. La liberté ne peut être ordonnée
à autre chose qu'à elle-même. Elle se définit donc : le pou-

voir de conserver la rectitude de la volonté pour cette rectitude elle-même. Pratiquer « la sainteté de la vie » sans l'ordonner à autre chose, sans arrière-pensée de mérite à gagner ou de récompense à obtenir, mais uniquement pour être juste. N'est-ce pas, comme on l'a dit, l'idéal kantien avant la lettre, le devoir pour le devoir, « la pure et volontaire obéissance ». Mais pour saint Bonaventure, « vouloir la justice pour elle-même » sans arrière-pensée, c'est aimer Dieu pour lui-même et y trouver le bonheur parfait, car la vraie justice qui « conserve la rectitude de la volonté pour elle-même, renvoie à la justice absolue qui est Dieu lui-même ». cf. Thomas de F.J. *La personne humaine dans l'Augustinisme*, dans *L'homme et son destin*, 163-172, qui cite entre autres : Anselme, *Proslogion*, c. 1 (PL 155, 225-227) ; *De libero arbitrio*, c. 1 (PL 158, 489 et 494) ; *De veritate*, c. 12 (PL 158, 482). Cf. *II Sent.*, d. 25, p. 1, a. un. q. 6 (II, 604-606). Selon saint Augustin, l'obéissance est la seule vertu que pût exercer un être raisonnable agissant sous la puissance divine.

72.   Titus Szábo, *De SS. Trinitate in creaturis refulgente : Doctrina S. Bonaventurae*, qui indique une abondante bibliographie. (Rome 1955). J.M. Bissen, *L'exemplarisme divin selon saint Bonaventure*, Paris 1929. Luc Mathieu, *La Trinité créatrice*. Thèse manuscrite. On peut considérer l'Itinéraire de l'Esprit vers Dieu comme le développement de ce chapitre, mais pour l'âme qui a perdu son état d'innocence.

73.   *I Sent.*, d. 3, p. 1, q. 2 (I, 71-73) ; *ibid.*, p. 2, a. 1, q. 1, ad 5 (I, 81-82) ; *II Sent.*, d. 16, a. 2, q. 3 (II, 404-406) *Hexaem.*, coll. 2, nn. 20-27 (V, 339-340) ; *ibid.*, coll. 3, nn. 3-9 (V, 343-345).

74.   *IV Sent.*, d. 49, p. 1, q. 5 (IV, 1009). « L'âme humaine est naturellement image de Dieu en ce qu'elle reçoit continuellement de Dieu présent en elle une influence créatrice qui la rend capable de le prendre comme objet. Mais avoir Dieu comme objet, c'est nécessairement se conformer à lui, la connaissance et l'amour supposent une « conformitas » ; toutefois cette conformité est encore bien lointaine et ne peut satisfaire pleinement le désir naturel de l'âme : nul ne peut parvenir au souverain Bien — en lequel consiste la béatitude éternelle — si Dieu ne condescend à l'élever jusqu'à lui ». Luc Mathieu, *La Trinité créatrice*, 245-246. « De même qu'être vestige n'est pas accidentel, mais substantiel

à toute créature, ainsi être image de Dieu est naturel, et
substantiel à l'homme ». Luc Mathieu. *op cit.*, 228. Cf. *II Sent.*,
d. 16, a, 1, q. 2, fund. 1, 2, 3, 4 (II, 396-397).

75. Aug., *De Genesi ad litt.*, II, c. 8, nn. 16-20 (PL 34, 269-
270 ; CSEL 28, 43 ss) IV, c. 29, ss. 46 et c. 31, n. 48 (PL
34, 315-318 ; CSEL 28, 127-129).
Le « qu'il soit fait » est la parole créatrice, qui produit
les choses réelles (existence du monde). Le « il a fait »
renvoie à l'action du Verbe, au concours divin qui permet à
l'esprit de comprendre les choses (illumination intellectuelle). Le « il a été fait » concerne l'archétype éternel qui
sert de modèle à ce qui est (exemplarisme). H. Duméry, 29
n. 2. A la triple existence des choses correspond le triple
regard de l'homme dans l'état d'innocence. « Triple illumination d'une même journée : la première semblable au
soir, la seconde au matin, la troisième au midi ». *Itin.*, c. 1,
n. 3. Cf. E. Gilson, *La philosophie de saint Bonaventure*, 307.

76. Hugues de saint Victor. *De Sacram.*, I, p. 10, c. 2
(PL 176, 329 c). Cf. *Hexaem.*, coll. 3, n. 23-24 (V. 347-348) ;
Itin., c. 3, n. 1.

77. Hugues de saint-Victor, *De Sacram.*, I, p. 10, c. 2 (PL
176, 329) : « Quand les ténèbres du péché ont envahi une
âme, l'œil de contemplation est comme éteint si bien qu'il
ne peut rien voir. Ainsi, apparaît la nécessité de la foi qui
donne à croire ce qu'on ne peut plus voir ». L'esprit hiérar-
chisé devient l'analogue des hiérarchies angéliques : purifié,
illuminé, rendu parfait. cf. *Itin.* c. 4, n. 4. Sur l'idée de hiérarchie et les trois moments de la hiérarchisation : purifi-
cation, illumination, perfection, cf. Denys, *De coel. hierarchia*, c. 3 § § 2-3 (PG 3, 166 — CD), cf. R. Roques, *L'Univers
Dionysien*, 94 ss. *Les aspects essentiels de l'activité hiérarchique.*

TABLE DES AUTEURS

TABLE ANALYTIQUE

TABLE DES CHAPITRES

ACHEVÉ D'IMPRIMER
SUR LES PRESSES DE
L'IMPRIMERIE
— CARLO DESCAMPS —
A CONDÉ-SUR-L'ESCAUT
POUR LE COMPTE DES
EDITIONS FRANCISCAINES,
9 rue Marie-Rose, PARIS.

Dépôt légal n° 350
3ᵉ trimestre 1967

DATE DUE

GAYLORD			PRINTED IN U.S.A.